语文教学能力提升

——义务教育阶段案例研究

乌兰哈斯　编著

中国商务出版社

·北京·

图书在版编目（CIP）数据

语文教学能力提升：义务教育阶段案例研究 / 乌兰哈斯编著. -- 北京：中国商务出版社，2023.12
ISBN 978-7-5103-5082-5

Ⅰ．①语… Ⅱ．①乌… Ⅲ．①语文课－教学研究－中小学 Ⅳ．①G633.302

中国国家版本馆 CIP 数据核字（2023）第 250043 号

语文教学能力提升：义务教育阶段案例研究
乌兰哈斯　编著

出版发行：	中国商务出版社有限公司
地　　址：	北京市东城区安定门外大街东后巷28号　邮编：100710
网　　址：	http://www.cctpress.com
联系电话：	010—64515150（发行部）　010—64212247（总编室）
	010—64513818（事业部）　010—64248236（印制部）
责任编辑：	刘姝辰
排　　版：	宋晓璐
印　　刷：	凯德印刷（天津）有限公司
开　　本：	710毫米×1000毫米　1/16
印　　张：	18　　　　　　　　　字　数：218千字
版　　次：	2023年12月第1版　　印　次：2023年12月第1次印刷
书　　号：	ISBN 978-7-5103-5082-5
定　　价：	89.00元

凡所购本版图书如有印装质量问题，请与本社印制部联系

版权所有　盗版必究（盗版侵权举报请与本社总编室联系）

前　言

《语文教学能力提升——义务教育阶段案例研究》是针对小学语文教师及高等院校小学教育（语文方向）专业学生提升语文教育教学能力的一本图书。本书包括概论、小学语文教育案例研究、语言文字积累与梳理教学案例分析、阅读与鉴赏教学案例分析、表达与交流教学案例分析、梳理与探究教学案例分析六章。

第一章着重介绍教学案例的含义、特点，教学案例分析的基本结构、意义和功能等内容。第二章至第六章以2022年版《义务教育语文课程标准》体现的课程理念和课程目标为依据，以语文教育教学理论为指导，精选基础教育课程改革以来小学语文教育教学中的典型教学案例，每个案例均以案例背景、案例描述、案例分析三部分展开。力求做到：案例背景介绍简要；案例描述呈现课堂教学活动的情景；运用教育理论对案例进行多角度的详细解读，阐释教学设计的具体思路、方法，诠释新的教育教学理念，提出教育教学问题解决的策略，进而发现新理念、新思路、新见解，找到教学改进的新的生长点。使教学案例分析成为沟通理论与实践的桥梁，总结教育教学经验，有利于教师的教学交流和研讨，有助于师范专业学生语文教育教学技能的提升。

本书在编写过程中由于认识的不足，还有很多不尽完善之处，恳请各位学者与同行给予批评和指正。

本书亦为内蒙古自治区直属高校基本科研业务费资助的"国家通用语言文字教育实践与培训创新团队"的研究成果。

编著者　乌兰哈斯

2023 年 3 月 1 日

目 录

第一章 概论 / 1

第一节 教学案例的特点与作用 / 1

第二节 教学案例研究的意义和方法 / 5

第三节 撰写教学案例的方法 / 9

第二章 小学语文教育案例研究 / 13

第一节 如何成为一名优秀的语文教师 / 13

第二节 新课标理念下的小学语文教育 / 23

第三章 语言文字积累与梳理教学案例分析 / 35

第一节 拼音教学案例分析 / 36

第二节 识字写字教学案例分析 / 42

第三节 语言文字知识教学案例分析 / 66

第四章　阅读与鉴赏教学案例分析　/　73

　　第一节　文学阅读与鉴赏教学案例分析　/　74

　　第二节　实用性阅读教学案例分析　/　179

　　第三节　整本书阅读教学案例分析　/　192

第五章　表达与交流教学案例分析　/　201

　　第一节　口语表达与交流教学案例分析　/　201

　　第二节　书面表达与交流教学案例分析　/　220

第六章　梳理与探究教学案例分析　/　245

参考文献　/　277

第一章 概论

第一节 教学案例的特点与作用

在教育教学研究中,如果能对典型教学案例进行深入的研究、理性的分析,从中获得教育教学理论知识和策略,获得特定教育情景下的教育经验,并逐步实现从教学实践经验到教育理论的升华,对促进教师业务能力的提高无疑是一条十分重要而有效的途径。

一、什么是教学案例

案例,从字面上讲,"案"是"案件","例"是"实例",即"案件实例"之意。一般指在具体情境下发生的典型事件。"具体情境",指的是事件发生的时间、地点、人物、起因和条件等背景信息;"典型事件",指的是在"具体情境"下发生的最具有代表性的、最能反映事物本质的有价值的实例。

教学案例是描述在教育教学活动中发生的真实而又具有典型意义的、能反映教育教学某些内在规律或某些教学思想、原理的具体教学事件，及对此事件的分析、反思和总结。

教学案例通常是教学实践中遇到困惑的真实记录。其来自日常的教学实践活动，最贴近教师工作，与教师有着密切的联系。

二、教学案例的特点

教学案例一般应该具有以下特点：

（一）真实性

教学案例所描述的教育教学事件必须是真实的，甚至是亲历的，而非杜撰的。

（二）典型性

教学案例所描述的教育教学事件是最能反映事物本质的有教育价值的实例，必须能给学习者带来一定的启示和体会。它既可以是成功的范例，也可以是"尚未成功"的典型情景。

（三）情节性

教学案例展示的事件必须有具体的情节及其演进过程，是教学事件产生、发展的历程，是对教学现象的动态性的把握。

（四）问题性

教学案例所描述的事件中必须存在有价值的问题或疑难情境，并且也可能包含解决问题的方法。正因为这一点，案例才成为一种独特的研究成果的表现形式。

（五）启发性

描述教学案例事件后，作者应有反思与提高认识的记录，进行理性思考与总结反思，提示教育教学工作的复杂性与内在规律，给人以启示。

（六）研究性

教学案例具有现实意义、借鉴作用和理论探讨的价值，可以正面获得经验或反面获得教训，能提炼出某些理论或观点，对教育教学实践具有一定的指导意义。

三、教学案例的要素

（一）背景

简要介绍案例事件发生的时间、地点、人物、背景等。背景介绍要简洁，要突出重点，即重点介绍事件相关的主客观背景。

（二）主题

主题就是要说明的问题。每篇教学案例都必须有一个鲜明的主题，它是案例的灵魂。主题可以是一种新的教育教学理念，可以是对常见问题的新思考，可以是教育教学中的新动向与新现象，可以是对教育规律的认识与思考，可以是对一种教学方式的新体会，也可以是对某一教学环节的把握与处理。总之，主题要具有教育价值和启发性，要具有时代性。主题价值是案例价值的集中体现。

（三）情境

描述事件，必须有情境，有细节，特别是对说明主题的关键性细节进行精准描述。描述内容不但包括客观情境（事件的表面现象），而且包括主观情境（揭示人物心理）。要详尽地描述、展现问题解决过程、步骤以及问题解决中出现的反复和挫折。只有这样，才能展示事件发生发展的内在逻辑，才能给案例剖析提供支撑。当然，案例的情境展示与实录有区别，实录着重对整个事件的详尽描述，案例情境着重对反映主题价值的情境（片段）进行详尽描述。同时，案例情境描述的方式与方法要体现趣味性与艺术性，达到引人入胜的效果。

（四）结果

教学案例要交代事件的结果。它是案例事件发展的重要组成部分。如事件发展的逻辑结果是什么，哪些问题解决了，哪些没有解决，产生了哪些新的问题、疑惑与悬念，师生的感受与体会、今后的解决方法等，对这些内容都应做简要的说明。

（五）评析

评析是在描述与记叙基础上的议论，表明对案例反映的主题和内容的看法和分析，以进一步提示事件的意义和价值。评析可以是自评，说事论事，有感而发，也可请专家点评。通过对背景、情节、问题展示、问题解决及结果的描述，反思自身的教学思想与行为，总结利弊得失，提高认识，说明案例的价值作用与启发意义。

四、教学案例的作用

撰写教学案例是教师提升专业水平的重要途径之一，是解决教学问题的有效手段，是教师提升教育教学理论水平的重要方式。

（一）案例是解决教学问题的源头

通过案例学习，可以促进教师研究教学行为和教学过程，分享教学经验，积累教学素材，在实践中自觉调整教与学的行为，提高课堂教学的有效性。

（二）案例是教师专业成长的阶梯

运用案例教学，在收集案例、分析案例、交互式讨论、开放式探究和多角度解读的过程中可提高教师教学的针对性和实效性，促进教师专业能力的提升。

（三）案例是教学理论产生的基础

一个典型的教学案例是在教育教学理论基础上形成的，同时也可以反映教育教学实践中的客观规律，深化、创新教育教学理论。

五、教学案例素材的来源

教学案例来自日常的教学实践活动，贴近教师工作，与教师有天然的联系。在教育教学实践中教师会发现大量的实际问题，为了妥善解决问题，教师会自觉或不自觉地进行大量的教学研究，并获得很多实践经验，也会总结不少的教训。其中不乏会给教师留下印象比较深刻的典型事例，成为撰写教学案例的素材。教育教学实践涉及的领域宽，发生的事例多，是教师撰写教学案例取之不尽、用之不竭的源泉。

第二节 教学案例研究的意义和方法

一、教学案例研究

教学案例研究，是教育科学研究方法之一，它是对真实发生的、具有启发性和包含教育学、社会学、心理学特征和意义的问题或疑难情境的典型性事件开展的研究和分析，是通过揭示规律，让人反思，探索解决问题的方法。

二、教学案例研究的意义

（一）有利于教师总结成功的经验和失败的教训

撰写教学案例，教师要对教学过程进行真切的回顾，再现自己的教学，用新的观点进行严格的审视，客观的评价，反复的分析。教学过程中的正确错误，都能由模糊变得清晰，能使教师把某些教学问题认识得比较深刻，解决得比较恰当，利于教师总结成功的经验和失败的教训，看清自己的长处和不足。撰写教学案例的过程，也是重新认识教学事实的过程，是反思、总结、提高的过程。

（二）有利于教学理论与教学实践相结合

通常情况下，撰写教学案例，需要运用教学理论对教学案例进行分析。要把案例分析透彻，需要有足够的教学理论作为支撑，这就促使教师要带着教学案例的实际问题，深入地学习有关的教学理论，有利于教师内化教学理论知识，提高教学理论水平，用科学的教学理论指导教学实践。

（三）有利于教学研究

教学案例是教学情境的故事，不同的人对故事会有不同的解读，用于交流和研究的教学案例，可以成为教学研究活动和教师培训的有效载体。教学案例集中反映了教师在教学实践活动中遇到的问题、矛盾、困惑，以及由此产生的想法、思路、对策等，就这些问题和想法开展研究讨论，对教师提高分析能力和业务水平，是大有裨益的。

学校和教师根据教育教学改革的情况，确定一定的研究主题，围绕某个主题或专题收集材料、撰写案例、研究讨论，同时结合有关理论学习和实践反思，也可使教学研究活动更具有针对性和实效性。

（四）有利于积累研究资料

撰写教学案例，是教学研究的一种方式。写成的教学案例不仅是教学研究成果，而且还是撰写教学论文很好的素材。这类素材经过加工，具有典型性，能够增强教学论文的说服力和感染力。

（五）有利于提升教师的专业素质

1. 提高教学实践能力

教师撰写教学案例，是教学实践与教学研究的紧密结合。教师撰写自己的教学案例时，既是行动者，又是研究者。教师可以通过具体的对教学行为的描述和分析，加深对教学理论的理解；又可以通过教学理论的指导，使教学行为科学合理。要写好教学案例，需要把教学案例涉及的问题披露出来，深入分析研究，取得清晰的认识，以更好地解决某个问题。教学案例尽管是个别现象，但具有典型性，代表了某种倾向。经常撰写教学案例，能够敏锐地发现带有倾向性的问题，找出解决同类问题的途径和方法。教学案例还能体现教学规律。教师对于典型教学案例深层次的认识积累多了，就能够通过个别看一般，透过现象看本质，真切地感悟教学的规律，建立起一套科学的思维方式，高效的工作方法，良好的工作习惯，使之达到自动化的程度，从而减少教学的盲目性和随意性，提高教学效率，提高教学实践能力。

2. 提高教学研究能力

撰写教学案例是撰写教学论文、撰写课题的基础，撰写教学案例、撰写论文、撰写课题三个方面结合，能够促使教师做到教学行动与教学研究紧密结合，教学理论与教学实践紧密结合，教学经验与教学科学紧密结合。在这三个方面中，基础打得牢固，教学研究才有可能达到较高水平，因此，撰写教学案例在提高教师教学研究能力中具有十分重要的作用，教师需要充分重视。有了撰写教学案例的基础，就为撰写教学论文、开展课题研究创造了良好的条件，才能使教师的教学研究能力得到较大的提高。

3. 提高观察能力

撰写教学案例，要善于发现具有典型意义的事例。教学事例天天都有，层出不穷，但要从日常纷繁的教学事例中发现典型，并不容易，需要有敏锐的观察能力。撰写教学案例，讲述的教学故事要体现典型、具体、生动，形象、直观等特点，给人身临其境的感觉，教师就必须将有关教学事实形成逼真的表象，需要进行认真的观察。因此，撰写教学案例，能够促使教师注意观察教学现象，发现教学问题，持之以恒，就会养成观察的习惯，提高观察的能力。

4. 提高思维能力

运用教学理论解决教学实际问题是一种重要的能力。每个案例都有核心部分和枝节部分，教师要善于去粗取精，重点把握案例的核心部分，找出核心部分与教学理论的密切联系，这就需要运用教学理论，运用分析与综合的方法，提炼出教学案例的主题，解决好教学案例反映的具体问题，探索出解决一般问题的途径，养成凡事动脑思考的良好习惯，掌握运用教学理论指导教学工作的规律，提高教师的思维能力。

5. 提高创新能力

教师写出的教学案例，可能是某项教学研究中细化了的材料。从教学案例的线索引申开去，思考教学案例反映的教学现象，就有可能产生一些深刻的认识，独到的见解，再来一番去粗取精、去伪存真、由此及彼、由表及里的改造创新，使之带上条理性和科学性，就有可能发现某些教学规律，特别是解决某些教学问题的规律，从而产生创新的教学成果，提高教师的创新能力。

第三节 撰写教学案例的方法

一、教学案例的类型

教学案例按照不同的分类标准可以分为不同的类型。

根据使用对象来说,教学案例可以分为面对本科生的、面对研究生的;根据形式可以分为文字案例和视频案例;根据教学中使用的方式,可以分为评述型教学案例和讨论型教学案例。我们下面主要对评论型和讨论型教学案例进行分析。

(一)评述案例

主要是在再现现实状况的基础上,对案例进行总结或者评述性分析,让学习者从中学到一些分析方法或者经验,这种案例比较适合对本科生或者专科生的案例教学使用,因为本科生的理论和实践经验不足,通过这种形式的学习,可以增加知识与提升技能。

(二)讨论案例

与评述型教学案例不同,讨论案例主要是再现现实情况,不做评述和经验总结,由案例学习者进行讨论学习,一般也没有确定的答案。它适合用于研究生等高层次人士的学习需要,因为他们一般都有一定的理论知识和实践经验,通过讨论和思维启发更能提升自己的思维和能力。

二、写好教学案例的要求

一个教学案例应该包括教学事件的背景、主题、情境、结果和评价,并且符合以下要求：

（一）选择典型情境

教学情境较为复杂，其发生、发展具有多种可能性。教师在教学活动中面临着各种各样的问题情境，需要一一进行判断、选择、决定。复杂的情境提供了更多选择、思考和想象的余地，因而可以给人以更多的启迪。学校教学中有许多典型事例和两难问题，应该怎样处理，案例可以从不同角度反映教师的行为、态度和思想感情，提出解决的思路和例证。

选择教学情境，要因人、因时、因地而异，要有针对性。一是要符合当前教改实践的需要，提出人们所关心的、想了解的事情和问题；二是考虑案例交流的范围，是公开发表，还是校内交流，或者仅供个人参考。总之，撰写案例不能只顾讲述一个生动的故事，还要注意为什么讲、向谁讲。

（二）揭示师生心理

人物的行为是故事的表面现象，人物的心理则是故事发展的内在依据。案例应该能够深入人的内心世界，让人"知其所以然"，这是案例不同于教案和教学实录的地方，好的案例应该能够发挥这个特点和优势。

教学案例要既能反映教师的心理活动，又能反映学生的心理活动。面对同一个情境，不同的教师可能有不同的处理方式。为什么会有各种不同的做法，这些教学行为的内在逻辑是什么，执教者是怎么想的？同时也要真实地反映学生在学习过程中的想法、感受，这是写好教学案例的重要一环。

（三）深入思考

同一件事，可以引发不同的思考。从一定意义上来说，案例的质量是由思考水平的高低所决定的。因为，选择复杂情境也好，揭示人物心理也好，把握各种结构要素也好，都是从一定的观察角度出发，在一定的思想观点的引导下进行的。要从纷繁复杂的教学现象中发现问题、提出问题、解决问题，道出人所欲知而不能言者，这需要一双"慧眼"。具备这样的功力没有什么秘诀和捷径，只有通过长期的磨炼去领悟和掌握才行。

案例能够直接、形象地反映教学的具体过程，因而有很强的可读性和操作性，也非常适合于有丰富实践经验的一线教师来写作。要写好案例，首先要有实践的基础和经验的积累，其次要有一定的写作技能，最后是加强理论学习，不断地进行实践探索。说到底，好文章不是"写"出来，而是"做"出来的。

而一个能够提供借鉴的教学案例，既可以是教学活动中的成功事例，也可以是教学实践活动中遭遇过的失败，前者可以提供经验，后者可以提供教训。

第二章　小学语文教育案例研究

第一节　如何成为一名优秀的语文教师

　　作为语文教师，承担着立德树人、育才成人、以文化人的崇高责任与使命，要努力完成好教书育人的任务。要想成为一名优秀的语文教师，就应学高为师，身正为范。首先应该具有良好的师德修养，给学生以正确的引领和影响，促进学生人格的健全发展，塑造学生的灵魂；其次，需要掌握现代教育教学理论，加强教育教学实践，理论与实践相结合，不断磨炼自己，持续提升专业素养；最后，要善于发现问题，多开展教育教学研究，成为研究型的教师。通过对教育教学案例的分析，可以引导教师在提升个人职业修养、专业技能等方面进行深入思考，启发教师挖掘出有研究价值的问题，进行深入探究。

【案例1】

特级教师于漪老师忠诚于党的教育事业,一直扎根在上海基础教育的最前沿,她身体力行,始终不渝,以崇高的师德修养、精湛的育人艺术和无私的奉献精神,塑造了光荣的人民教师形象。她的教育理念、教育实践、教学改革在全国产生了重大影响,为推动全国基础教育改革、发展做出了杰出的贡献。"育人是一代师表,教改是一面旗帜"高度概括了她平凡而又杰出的人生。

于漪老师的教育故事

教书育人,以人为本。于漪老师的语文课,充分调动学生的积极性,让学生做学习的主人,积极体现师生互动,使学生得到成功的体验和喜悦。有一位口吃的学生不仅表述困难,而且语文成绩很差。经过于漪老师的悉心指导,不仅爱上了语文,而且成为学校演讲队的主力。

立人为先,教会学生做人。当年于漪老师的学生,今天的上海市文广集团副总裁、《新民晚报》总编胡劲军后来感慨地说:"于老师当年的教育成为我工作的动力。"2002年上海市重大工程建设金杯得主王运丹大年初一向于漪老师表示感谢,称当年正是于老师给他树立了"国家建设需要人才"的人生目标;她的学生曹中柱因为"敢坐火山口",顶着压力支持开办平价药房,多次被媒体报道。曹中柱衷心感谢于漪老师,他说:"于老师教学生,教得顶好的是教做人。她要我们做一个正直的人,要敢于负责任。"

开拓创新,始终站在时代的制高点。于漪老师为自己确立了一个目标:达到三个"制高点",做到三个"瞄准"。三个"制高点"就是要站在时代的制高点上,始终把培养现代的合格公民放在首位,热爱党热爱社会主义祖国;站在战略的制高点上,把提高学生的素质提到关系到国家的未来、关系到民族的素质战略的高度;站在与基础教育先进国家竞争的制高点上,显示民族的志气和自尊,显示社会主义精神文明的威力。三个"瞄准",就是瞄准21世纪的基础教育,努力把今日的学生培养成为21世纪的有用之才;瞄准国外基础教育先进的国家,从严治学,发愤图强,教出水平;瞄准国内、市内兄弟学校的教育经验,博采众长,力求少走弯路,教出特色。

【评析】

于漪老师的教育经历告诉我们一个道理:作为一名教师,要热爱我们的祖国,热爱教育事业,热爱学生。教育要培养德智体美劳全面发展的社会主义事业合格接班人和建设者,学校的一切工作都要围绕德育工作来展开,德智体美劳,以德为先,教师的责任不仅在授业,首先是"传道"。于漪老师59年的教育实践始终贯穿了这一理念,奠定了学生成人的基础,激励学生终身追求崇高的人生境界,她用中华教师之魂的精神感召力引导学生追求真善美,使他们成为社会建设的中坚力量。

于漪老师的教育生涯,让我们认识到,作为人民教师,要树立崇高的理想,不忘初心,时刻意识到自己身负的为党和国家培养优秀建设人才的光荣使命,必须与时代发展、国家建设同频共振,要高瞻远瞩,勤奋学习,开拓进取,努力奋进,不负使命,将自己毕生的精力奉献给祖国的教育事业。

【案例2】

著名儿童教育家、情境教育创始人、特级教师李吉林老师长期坚持教学改革，在教学、教育理论研究等方面做出了突出贡献。

李吉林老师成长经历自述（片段）

40年前，我是一名师范生，走出师范的校门，便走进了小学，这一进去就是40年。40年来，我感受最深刻的就是：不断塑造自我，努力提高自身素质。

在自我塑造中，最重要的是心灵的塑造，这是对高尚精神境界的追求。我爱学生，学生也爱我。我热爱和学生、青年教师在一起的生机勃勃的生活……虽然青春早已逝去，但是，我觉得我的心永远是年轻的。

这样的精神世界驱动着我，鞭策着我，不敢怠惰，不肯荒废，于是，我会为寻找孩子观察的野花，在郊外的河岸、田埂专心致志地识别、挑选；我会为了孩子第一次感知教材获得鲜明的印象，在家人熟睡的时候，一个人在厨房里练习"范读课文"；夜深人静之时，我进入教材所描绘的境界为文章中的人物深深感动，从而一个个巧妙的构思如涌之泉流泻而出；课堂中，我的一举手、一投足都能使学生心领神会；一场大雪后，我又会兴致勃勃地带着孩子们去找腊梅，去看望苍翠的"松树公公"，然后和孩子们在雪地上打雪仗。当孩子们用雪球扔中了我，我笑得比孩子们还要开心，仿佛一下子年轻了几十岁。

我在读师范时，认真学好各门功课，还认真学画画、练美术字、参加诗朗诵会、创作舞蹈，我也很喜欢音乐，学指挥、练习弹琴，夏天在小小的琴房里练弹琴，尽管蚊子叮，浑身是汗，却乐趣无穷，整个身心都沉醉在琴声中。这些在我后来的工作中发挥了很大的作用。

在当教师之后，我坚持每天黎明即起，坐在校园的荷花池畔背唐诗、宋词，背郭沫若、艾青、普希金、海涅、泰戈尔等中外名家的诗篇，用优美的诗篇来陶冶自己的情操，我摘抄的古今中外优秀诗篇，就有厚厚的几本。近20年来，为了搞教育科研，我又如饥似渴地学习教育学、心理学和美学，还阅读了许多中外教育家的论述及国外教学实验的资料，做了不少卡片。学习对一个教师来说是永无止境的追求。我常常用屈原的话来鼓励自己，"路漫漫其修远兮，吾将上下而求索"。

【评析】

从此案例中，我们认识到教师必须热爱自己的职业，具有高尚的师德修养。李吉林老师之所以成为学生热爱的老师，是因为她挚爱崇高的教育事业，深爱每一个学生。她怀着一颗爱心全心全意地投入教育教学工作中，才结出了教育的硕果。

林崇德教授把教师应具备的知识结构分为三个方面：一是本体性知识，主要指学科专业知识，即学科基础知识和基本技能；二是文化知识，指的是与教育有关联的综合性知识，而新的课程结构尤其强调教师应打破原有的学科壁垒，具备跨学科知识；三是条件性知识，即教育科学知识，也就是怎样教书育人方面的知识。李吉林老师在教学生涯中，坚持不懈地加强学习，不断开阔知识视野，广泛汲取知识，具备了完善的知识结构，积淀了深厚的学养，为做好语文教学工作奠定了坚实的基础。

教师还必须具备良好的职业能力。首先是具有收集、处理和运用信息的能力，能够广泛应用于课程整合和学生研究性学习的开展，以便指导学生去独立地获取知识。其次，要有较强的驾驭教学的能力，运用各种教学方法，出色地完成教学工作。还应有良好的表达能力、组织能力、教育科研能力。随着时代的发展，现代教师应更富有创造性，更能发挥教育的智慧。

从李吉林老师的成长经历中，我们深深认识到：要成为一名优秀的教师，就要保持旺盛的求知欲，持续学习，不断进步。

【案例 3】

踏上工作岗位的年轻教师要有强烈的事业心，树立职业理想，不仅要成长为合格的人民教师，还应该努力发展成为研究型的教师。在教育教学实践中，善于发现问题，勤于思考，勇于探索，不断提升教育教学能力，能够解决教学中的问题，丰富教学理论。

一名年轻教师对教育教学研究的困惑

开学不久，校长召开了全校教职工大会，在会上宣布，今年学校要求每一位教师都要进行教育教学研究，每位教师都要申报课题，并由学校的特级教师组成的评审委员会进行评审，然后要将研究的成果公布并进行评价，同时教师的教育教学研究将作为晋升职称的一项标准。校长还没有说完，下面便议论纷纷。我觉得学校的这项要求对我有一定的难度，因为我是教语文的，平时除了教学就是看一些有关语文方面的杂志和书籍。我不知道如何去进行教育教学研究。

第二章 小学语文教育案例研究

怀着沉重的心情回到家里，我做的第一件事是找出以前在师范学院学的教育学书，翻阅了教育研究方法这一章，了解到教育研究的方法有很多种：观察法、调查法、实验法、历史法、比较法等，教育研究的过程包括确定选题、收集资料、整理分析资料、论文撰写等，可是教育研究的第一步"确定研究的问题"就把我难住了，我思考了很久，不是我想到的问题早就有教育专家研究过了，就是觉得没有什么问题可以研究。

第二天一大早我就来到了学校，在办公室里等许老师来。许老师在公开发行的杂志上已经发表了3篇文章，是我们学校在正式刊物上发表论文最多的教师，我想他的教育教学研究开展得这么好，一定要认真向他请教。

许老师来了，他说，教育教学研究并不是什么困难的事，首先因为我们是小学老师，缺乏深厚的教育理论知识，也缺乏必要的研究条件，要想像教育家式地进行实验研究，这是不可能的；要想通过大量的调查来进行研究，也不现实。我可以先找几本教育教学方面的书籍，再找几期教育类的杂志，将这些内容翻阅一下，看看别人是怎么写文章的，再看看当前教育教学的研究热点是什么。如果这些文章中有几篇是关于同一个主题的，将这些文章复印下来，回家以后仔细琢磨，根据这些问题所提供的材料，对这些文章进行重新编排、组合，就成了一篇新的文章。如果觉得这种方法太麻烦，还有更简单的，我只要看一本教育学书，然后选择里面的一个原理，先将这一原理介绍一下，然后根据教育学书的叙述，写我是如何根据教育理论从事教育教学工作的。其实，教师的教育教学研究很简单，我按照他说的去做，一定会有收获的。我的几篇文章就是这样写成的。

上课铃响了，我急忙走向教室，心中十分困惑：教育教学研究就是这样的吗？小学教师的教育教学研究就这么简单？

【评析】

这个案例值得我们思考的问题是：我们怎样认识许老师的做法，作为一名小学教师应该如何开展教育教学研究？

首先应该认识到教育教学研究工作的必要性和重要性。教师参与教育教学研究可以提升自己的教育教学科研能力。开展教育研究，教师有着得天独厚的优势。教师置身于现实、开放、动态的教育情境中，能够随时体察教学活动、背景以及有关现象的种种变化；在教与学的互动过程中，能够发现问题并且不断及时地解决问题；能够依据自身丰富的工作经验直觉地对假设、方案的可行性和有效性做出判断。显然，这是专业研究者无法替代的。

教师参与教学研究有利于改进自己的教学工作，可以提高教师专业实践水平。随着基础教育课程改革的开展，教师单凭自己的专业知识、教育理论基础和原有的教学实践经验是不够的，难以解决新课程改革过程中出现的大量实际问题。因此，教师必须在实践中不断进行研究，把教育原理与具体的教学实际结合起来，形成自己优化的教学实践模式，通过教育研究，提高自身的专业实践水平。

教师参与研究还可以提升自己的精神境界和思维品位。教师在教育教学研究工作中能够不断增强对这一崇高职业的热爱，加强自身职业道德修养，历练自己的思维能力。

其次，教育研究是教育理论与实践紧密结合的一种重要表现形式。

开展教育研究，教师不再成为理论的被动接受者，而是集理论运用与实践于一体的研究者。在研究过程中，一方面，教师运用有关教育理论分析并改进自己的课堂教学实践，优化教学过程，提高课堂教学质量；另一方面，教师直接参与教育研究，研究的问题完全是依照实践的需要，是要迫切解决的问题。因此，教学实践也为教育理论运用提供了生动、直观的实例，因此，教育研究把教育理论和教育实践紧密结合了起来。

最后，作为小学教师应该准确把握教研工作的定位与方法。教研工作的立足点是解决课堂教学的实际问题；着眼点是理论与实践的结合；切入点是教学方法的不断改进；生长点是改革创新出精品。教师兼任"职业者"与"研究者"的双重角色，除了需要掌握必要的研究技能，还要培养起研究的思想和责任。要时刻牢记自己是研究者，要结合课题研究，解决自身工作中存在的问题。要发挥主动性和创造性，批判地、系统地考查自己的教育教学实践，更好地改善自己的教育实践。要转变教育观念、提高理论水平、提高科学思维能力，努力使自己成为"反思型的教育者"，走上自主发展的道路。要掌握教育研究的过程和方法，积极探索通过多种途径进行研究，注重行动与研究的完美结合。

如何看待许老师的做法？在动机上，许老师从事教学研究是以功利为主要目的，是为了发表文章，而不是为了提升自身的素质，实现人生的价值，这种动机缺乏持久性；在方式上，许老师仅仅重视他人的经验，而不注重教育研究的一般过程和方法，没有自身的实践，没有自己的创新，因而其教学研究是没有深度，难以形成自身特色的。

第一，教师应积极参与教育研究。要提高认识，不断学习，努力提高教育教学理论素养。作为一名优秀教师，不仅要具备渊博的知识、还要有较高的教育教学理论水平，以及本学科的最新理论、最新信息、最新成果。教师的学习内容是非常多的，除了必须学习教育学、心理学、学科教学论，经常阅读本学科报刊，还应关注国内外一些著名的教育专家、学者撰写的专著及教育教学理论。

第二，教师要熟悉教育研究的过程和方法，积极参与教育研究，投身于教学改革。

认真分析、研究教学工作中遇到的问题：教师只有对自己在课堂上的行为进行研究，才能够了解自己在教学上做了什么，这些行为有什么意义，反映了什么样的教育教学理念，对学生的学习有什么影响。要注意积累第一手资料。

在实践中开展研究：如写教学后记，每次教学结束教师可以回味教学过程，分析得、失，做到心中有数，得，得于什么？失，失在哪里？

进行案例分析：教师可以把实践中发现的问题以及处理问题的全过程写成"案例"，也可以运用现代教育技术，把教学过程或辅导过程录制成"可视个案"录像，进而围绕案例，展开集体研讨和分析，在此基础上形成"案例研究报告"。案例分析贴近教师的实际工作，有助于教师进行深入分析、研究。

通过示范课、研讨课、评优课开展教研活动：优秀教师的示范课可以为新教师和一般教师提供可参照的学习榜样，可以帮助他们尽快上路；研讨课可以展示不同类型的课，供大家研讨；评优课则以优质教学为目标，通过对优质教学的追求，促进优秀教师脱颖而出，促进教学工作的不断完善和创新。

第三，要注重行动与研究的完美结合，要合二为一，研究与教育相结合弥补了教育研究中理论与实践相脱离的缺陷。在教育教学中要不断总结教学、教研、教改经验，写出一些较有价值的论文（含经验总结、实验报告），以指导学科教学。每篇论文应力求突破学科教学中普遍存在的问题。

第四，教学研究要以解决课堂教学的实际问题为立足点。这既是一线教师开展教育科研的根本动力，也是教育科研的根本目的。新一轮课程改革给教师教育理念、内容、方式方法等方面带来了很大的变化，给教师的创新性工作提供了更广阔的空间和时间。教师从身边的问题入手，研究怎样开发校本课程，如何指导学生探究性学习，在大班额情况下如何照顾学生的差异，怎样提高小组讨论的有效性，怎样教好综合课程，以及在新课改中教师角色有哪些变化等。这些问题没有现成的答案，需要教师去探索、去研究。

第二节 新课标理念下的小学语文教育

2022年版《义务教育语文课程标准》提出新的课程理念，立足学生核心素养发展，充分发挥语文课程育人功能；增强课程实施的情境性和实践性，促进学生自主、合作、探究学习；重视课程评价，促进学生的全面发展。以新的课程理念作为根本遵循，开展课堂教学，才能达到课程目标。

【案例1】

蚂蚁唱歌

《人民教育》中的一篇文章，题目是"蚂蚁唱歌"，讲了这样一个真实的事例：

几个学生正趴在树下兴致勃勃地观察着什么，一个教师看到他们满身是灰的样子，生气地走过去问："你们在干什么？"

"听蚂蚁唱歌呢。"学生头也不抬，随口而答。

"蚂蚁怎么会唱歌？"教师的声音提高了八度。

教师的声音让学生猛地从"大槐安国"里清醒过来。于是一个个小脑袋耷拉下来，等候老师发落。只有一个倔强的小家伙还不服气，小声嘟囔说："您又不蹲下来，怎么知道蚂蚁不会唱歌？"

【评析】

该案例涉及现代教育理论，即教师应具有正确的教育思想及教育观念：

首先，教师要树立以学生发展为本的现代教育观。在教育取向上，不仅要重视学生对基础知识、基本技能的掌握，还要重视对学生基本态度和基本能力的培养。尤其在学生创新精神和实践能力的培养上，要重视学生发现问题、解决问题的能力，学生学习兴趣的培养以及学生个性的发展。"听蚂蚁唱歌"是学生的一种体验，是孩子具有童心、童真与童趣的表现，表现了孩子特有的想象力，教师要善于了解孩子的"内心世界"，要尊重并保护孩子的兴趣与想象。

其次，教师要树立正确的学生观。要把学生看成是具有能动的、充满生机和活力的社会人。学生是学习的主体，是学习的主人，在一切活动中，教师要充分地发挥学生的能动性，促进其发展。要尊重、信任、引导、帮助或服务于每一个学生。教师对学生要平等相待，要坚持教学民主，废除教学中的权威主义、命令主义。案例中的教师反问学生："蚂蚁怎么会唱歌？"显然是以权威压制学生，是缺乏民主意识的表现。

这个案例启发教师要放低姿态，能从高高的讲坛走下来，和学生平等地对话和交流，呵护学生宝贵的童心，激发学生的创造力。

【案例2】

"问题学生"

某校三年级有位叫王峰的学生，经常迟到、旷课、上游戏厅，甚至打架、敲竹杠，学习成绩就更不用说了，门门功课亮红灯，尽管老师多次教育，仍不见好转，还是经常旷课、打游戏，向同学借钱，同学不借就打同学，班里同学见了他都躲得远远的。虽然偶尔也有进步，但没过两天又恢复原样，以致老师对他失去了信心。

不过，这个学生并不是一无是处，他百米赛跑速度惊人，在校运会上，他连续两年获得百米赛冠军，为班级争得了荣誉。除此以外，他还特别喜爱画画，象棋也下得非常棒。

【评析】

此案例中的学生通常被老师视为"问题学生"，那么，我们应该如何对待这样的学生？

首先，教育者要通过观察、调查等手段，走进学生的心里，深入了解他们的心理特征，这类学生往往心理需求与现实状况存在许多矛盾：他们自尊却得不到别人的尊重，好胜却不能取胜，有上进心而又意志薄弱。教师要主动与这样的学生建立良好的师生关系，"亲其师信其道"，良好的师生关系能使学生信赖老师，听从老师的教诲，教师也更容易了解学生的内心世界，发现并激发他们身上的积极因素。如"他百米赛跑速度惊人，在校运会上，他连续两年获得百米赛冠军，为班级争得了荣誉。除此以外，他还特别喜爱画画，象棋也下得非常棒"，这正是他的闪光之处，老师要善于发现学生的优点和长处，当他取得一点成绩和进步时，就及时给予赞扬和激励，帮助学生树立能够成才的信念，鼓励他们追求进步，不断成功，让他们获得强烈的成就感、荣誉感。

其次，发挥班级学生的群体力量，改变"见了他都躲得远远的"状况，大家共同帮助他进步，当他与同学之间的关系改善后，他能获得尊重感，激发起他的自尊心。同时，也要争取家庭的配合与支持，多股力量形成合力，改变他的消极心理，树立自信心。"十年树木，百年树人"，教育是潜移默化的过程，不可能一蹴而就，对这样的学生要有足够的耐心，必须反复教育，取得进步，予以鼓励；有了毛病，帮助他们及时反思，认识错误，马上改正，"知错能改，善莫大焉"，最终使其得到转化。

"十年树木，百年树人"，这个案例带给我们教育者很多思考，深入学生，了解学生，是我们做好做细教育工作的基础，善于发现学生的优点，帮助学生改正缺点错误，树立信心，不断进取，发挥教育的力量才能促进学生成人成才。

【案例3】

"动物学校"的故事

动物学校要招生啦！动物园的动物们奔走相告，踊跃报名。泥鳅、松鼠、老鹰……有幸成为首期学员。学校开设了游泳、跳跃、跑步、飞行等课程。

开学第一天的第一堂是游泳课。松鼠、老鹰首先遭遇尴尬,由于它们是"旱鸭子",迟迟不敢下水,遭到了老师的训斥和嘲笑。而泥鳅却在这堂课上出尽了风头,以舒展自如的泳姿得到了老师的赞赏和同学们的喝彩。但接下来的课程训练却让松鼠、老鹰扬眉吐气,跳跃是松鼠的强项,飞行是老鹰的看家本领,跑步项目对它俩来说更不成问题。但这些训练让泥鳅吃尽了苦头,尤其是跳跃和飞行,是它的弱势项目。为了提高成绩,它把主要精力放在这两个项目上。一学期过去了,泥鳅被摔得伤痕累累,苦不堪言,虽然其间它想放弃这两个项目的训练,在游泳这个优势项目上得到进一步的发展,但碍于校方的规定和校长、教练的威严,它打消了这个念头。

在期末的成绩汇报课上,泥鳅训练刻苦,跳跃、跑步虽有所长进,但也只得了"C"等,飞行项目最终没有学会。原本的优势项目——游泳,因为长期没有训练,泳技大不如前,由起初的"A"等降到现在的"B"等。老鹰在飞行项目上以绝对优势得到了"A"等,但在跳跃与跑步项目上只得到了"B"等,游泳不及格。松鼠在飞行项目上得到了"B"等,跑步得"C"等,游泳没有通过,在跳跃项目上虽然破了动物界的最高纪录,但也只得到了"B"等,因为它是在树顶上起跳,而没有按照学校规定在地上起跳。

【评析】

该案例让我们思考学校课程设置和教学评价的问题。新课标强调"强化课程综合性和实践性,推动育人方式变革,着力发展学生核心素养。

凸显学生主体地位，关注学生个性化、多样化的学习和发展需求，增强课程适宜性"。课程改革的目标是：

①改革课程功能。强调在学习基础知识、基本技能的同时，注重培养学生积极主动的学习态度和学会学习的能力。

②改革课程结构。强调课程要适应时代要求，适应不同地区和学生发展的要求。

③改革课程内容。内容要贴近社会和学生生活，要重视学生的经验和体验。

④改革课程的实施方式。倡导自主、合作、探究的学习方式。

⑤改革课程评价方法。传统教学评价注重知识与技能的评价、结果的评价，而新的评价改革则更强调发展性评价，在评价方法上注重过程，在评价的内容上注重态度和能力，在评价的理念上更注重期望与激励。

⑥改革课程管理。实行国家、地方、学校三级管理。

该案例的问题是：

一是动物学校课程的设置不合理。首先课程的设置不能有效促进各种动物的个性发展，而是要动物去适应课程；其次采取统一设置的方式，不注重各种动物的选择与需求，如松鼠、老鹰的游泳，泥鳅的跳跃和飞行。

二是在教学评价上，评价的内容和方法不科学。

首先，在评价方法上是典型的只重结果，不重过程，而教育应是一种动态的管理过程。

期末的成绩汇报课上，泥鳅跳跃、跑步得了"C"等，没有学会飞行。游泳，由起初的"A"等降到现在的"B"等。老鹰飞行以绝对优势得到了"A"等，但在跳跃与跑步项目上只得到了"B"等，游泳不及格。松鼠在飞行项目上得到了"B"等，跑步得"C"等，游泳没有通过……课标强调:"应重视增值评价,关注学生个体的进步幅度,避免用评价结果的简单比较衡量学生的学业表现。"在教学评价中要注重过程性评价。

其次,不注重发展性评价,不注重期望与激励。课标强调:"了解学生的学习态度和个性特点,考察其内在学习品质的发展。"泥鳅训练刻苦,跳跃、跑步虽有所长进,但也只得了"C"等,飞行项目最终没有学会,虽然成绩没有达到最好,但是态度端正,学习认真,训练刻苦,应该得到肯定和赞扬,给予积极的评价。

最后,在评价内容上,只注重知识与技能,注重甄别与选拔,不注重态度和能力的发展,而人的智能是多元的,知识和技能仅仅是一个方面,应该给予全维度的评价。

【案例4】

老师,让我们自己来

为了让班会开得更成功,我为我们班选了一篇课文改写成剧本。

第二天,我把计划和大家说了说,全班同学都很高兴,这时我听到了一段小声议论:"老师怎么选这篇课文,又长又不好演。""你管呢,让你演什么你就演什么呗。""我可不想演。"听到这儿,我的心一沉,原来是王渺。下课后,我把她叫到办公室请她谈谈自己对演课本剧的想法。她说:"老师,我觉得您选的课文不好,而且您每次都是写好了剧本让我们演,您应该让我们自己来试一试。"她的话让我突然意识到他们并不希望老师什么都是"包办代替",他们长大了。于是,我把导演的任务交给了王渺同学,她高兴地接受了任务,开始和同学商量演哪一课。然后找我做参谋,帮我做道具。课本剧表演得非常成功，我和孩子们一同品尝到了成功的喜悦。

【评析】

新课标要求"强化课程综合性和实践性""凸显学生主体地位，关注学生个性化、多样化的学习和发展需求"。该案例启发我们在教育教学中要适当放手，让学生自己去创造、去实践。而不应该用条条框框的模式去束缚学生的创造力，更不应该让学生按教师的思维、想法去行事。不要低估孩子们的能力，要让孩子们大胆去自己行动，开发潜能，成为"有本领"的人。

【案例 5】

小组合作学习课堂

在组织合作学习的课堂上，教师提出一个问题，让前后桌的 4 人为一小组，展开讨论。座位的编排是按照学生的高矮次序，男女生搭配而成的。教师抛出一个问题后，教室里立即一片嗡嗡声，小组内每个学生都在发言；一两分钟后，教师喊"停"，请小组代表站起来发言，学生一张口就是："我觉得……""我认为……"

【评析】

该案例反映的问题是："座位的编排是按照学生的高矮次序"不符合"异质分组"的原则；"教师抛出一个问题后，教室里立即一片嗡嗡声,小组内每个学生都在发言",小组活动缺乏一定的规则;"一两分钟后,教师喊'停'",显然学生思考的时间不足,一两分钟的讨论,并不是真正意义上的合作学习;"请小组代表站起来发言",一般是固定的学生代表,不符合角色要轮换担任的原则;"学生一张口就是:'我觉得……''我认为……'"学生自我意识过强,并非小组讨论的结果,表现出在小组学习中缺乏必要的人际交往技能。这样的小组合作学习只是形式而已,没有真正实现合作探究的目的。

该案例值得我们思考的问题是:如何有效地构建小组合作学习的课堂?

小组合作学习的意义是:首先,合作学习的成员之间是一种平等的互相促进的关系。调动思维的积极性,增强学习的动机。其次,成员个体通过向他人阐述自己的理解或推理过程,提高自己的思维质量,又观察他人的思维过程,从而较准确地从中学习有效策略。最后,重视学生彼此间的人际交往。交往是全方位的,包括知识与技能、过程与方法、情感与体验。

以"组内异质组间同质"的原则组建小组。所谓"组内异质",是指合作学习小组在结构上体现班级的缩影,学生按性别、成绩、个性特点、家庭和社会背景、守纪状况等方面的合理差异建立的相对稳定的学习小组。"组间同质"是指各小组的总体水平要基本一致,从而保证各小组之间的公平竞赛。每小组有一名小组长,负责活动有序开展。小组内的各种角色,领导者、激励者、记录者、检查者等角色要定时进行轮换。

小组合作学习要按照一定的规则进行。听取发言不插嘴,分析比较求领会;说明理由要充分,启发大家同思考;求助别人心要诚,注视对方稍欠身;反思敢于承认错,肯定别人学着做。

【案例6】

"差生"的成绩

我是差生行列中的一员，我也曾努力过，刻苦过，但最后被一盆盆冷水浇得心灰意懒。大多数考试中，我的语文成绩都不好，每次考试名次都是最后。一次老师说我成绩差，我下决心下次一定要考好。于是，我加倍努力，真的拿了个第一名。心想这次老师一定会表扬我了吧！可是出乎我意料，老师一进教室就当着全班同学的面问我："你这次考得这么好，不是抄来的吧？"听了这话，我一下子从头凉到脚，难道我们差生就一辈子都翻不了身了吗？

【评析】

该案例值得我们思考的是如何进行课程评价。新课标要求"加强语文课程评价的整体性和综合性。注重评价主体的多元与互动，以及多种评价方式的综合运用"。案例中的学生注重考试排名，反映了评价功能的失调，过分强调甄别与选拔的功能，忽视改进、激励、发展的功能，表现在学生身上就是学生只关心考试得了多少分，排在第几名，而很少关心考试中反映出来的自身发展中存在的问题。过分关注结果，如学生成绩，忽视被评价者在活动的各个时期的进步状况和努力程度，忽视对日常教育教学活动的评价，忽视对教育活动发展、变化过程的动态评价。老师对学生成绩的质疑，说明评价主体单一，基本上没有形成学生、教师、教育专家、家长等多主体共同积极参与，交互作用的评价模式，忽视了评价主体多元、多向的价值，尤其忽视自我评价的价值。评价内容片面，过于注重学业成绩，忽视了学生在学习活动中的表现，或者缺乏有效的评价工具和方法。评价对象基本处于被动的被检查，被评判的地位，自尊心、自信心得不到很好的保护，长久会导致对评价持一种冷漠、应付、对立、讨厌、拒斥或者害怕，恐惧、逃避的态度，甚至出现欺骗，弄虚作假的行为。总之，像案例中这样的做法，评价的激励、调控、发展功能得不到充分发挥。

在评价中，要充分尊重学生的主体地位，关注学生在兴趣、能力和学习基础等方面的个体差异，引导学生开展自我评价和相互评价。通过多主体、多角度的评价反馈，帮助学生处理好语文学习和个人成长的关系，发掘自身潜能，学会自我反思和自我管理，促进学生的全面健康发展。

第三章　语言文字积累与梳理教学案例分析

2022年版《义务教育语文课程标准》（以下简称《语文课程标准》）在课程结构设置上，遵循学生心理发展的规律和核心素养形成的内在逻辑，以生活为基础，以语文实践活动为主线，以学习主题为引领，以学习任务为载体，整合学习内容、情境、方法和资源等要素，设计了六个语文学习任务群，其中"语言文字积累与梳理"是基础型任务群。

"语言文字积累与梳理"学习任务群，旨在引导学生在语文实践活动中主动积累、梳理基本的语言材料和语言经验，逐步形成良好的语感；通过观察、分析、整理，发现汉字构字组词特点，领悟语言文字运用规律，掌握语言文字运用规范，感受汉字的文化内涵，奠定语文基础；学会使用常用的语文工具书，运用多种媒介学习语文，初步掌握基本的语文学习方法，养成良好的语文学习习惯。

第一节　拼音教学案例分析

拼音是识字的辅助工具，拼音教学是识字教学的基础，《语文课程标准》对拼音教学的要求是："学会汉语拼音。能读准声母、韵母、声调和整体认读音节。能准确地拼读音节，正确书写声母、韵母和音节。认识大写字母，熟记《汉语拼音字母表》。"

我们应注重在日常交际情境中学习汉语拼音和普通话。但是对于一年级的小学生来说，拼音的学习是一个难点，如何突破这个难点，我们可以从下面的教学案例中得到一些启发。

【案例1】

j、q、x与i、ü相拼的拼写规则，对于小学生而言是个难点，如何让学生牢固掌握这一规则，需要教师采用有效的教学方法。同时在拼音教学中如何体现语文的人文性特点，下面的案例能给我们一些启发。

"jqx"教学片段

当学ü与j、q、x拼读须去掉两点时，教师问学生可以用什么好办法来记住？

一个男孩响亮地回答："j、q、x，小淘气，见到ü眼就挖去。"说完得意之情溢于言表。

"挖掉双眼"，这是一件多么残忍的事！从孩子嘴中很随意地说出来尤其让人心颤。于是，教师也说了句顺口溜："小 ü 有礼貌，见到 j、q、x，摘掉小帽帽。"并且让同学们自己评价哪句顺口溜更好。一时间，学生纷纷举起了小手：

"小鱼多可爱呀，挖掉双眼不就死了吗？"

"我养了两条金鱼，我可爱它们了。"

"是啊，是啊，我还给它们喂食呢！"

孩子们七嘴八舌地讨论了起来，发言的男孩不好意思地低下头，说："我听别人说的。"

教师笑着说："我相信每一个同学都非常喜欢小动物，都爱和它们交朋友。"同学们使劲点点头。

【评析】

一、语文课程是工具性与人文性的统一

工具性与人文性的统一是语文课程的基本特点，在教学中要二者并重。案例中编顺口溜是小学生掌握拼音规则的巧妙方法，但是围绕立德树人的教育目标，不能只追求方法，更应该将内容与方法形式完美结合。案例中的教师发现问题时并未简单否定，而是通过创设冲突激烈的问题情境，指引方向，激发学生的情感，催化学生的个人感悟与体验，让学生认识到热爱动物、保护动物的自然生命观，通过用语言实践的手段实现了语文工具性与人文性的统一，让学生获得思想熏陶，产生一箭双雕的良好教学效果。

二、发挥学生的主体性

学生是学习的主体，学习过程是由学生展开的，让学生充分地思考，充分地表达自己的见解，学生才能获得启发，有所感悟。引导学生思考学习方法，掌握有效的学习方法是学生学会学习的法宝。老师启发学生思考记住ü与j、q、x拼写规则的方法，正是体现了引导学生主动求知，掌握学习方法的教学理念。

三、巧用方法，寓教于乐

对于小学生而言，抽象的拼音拼写规则是难以理解的。朗朗上口的顺口溜能激发学生的兴趣，化难为易，学生很容易就能记住规则，效果很好。案例给我们的启发是，教师要运用教学智慧，使用有趣的方法提高教学效率。

【案例2】

汉语拼音"jqx"的教学

一、看图认识汉字

师：今天，我们又要认识一些汉字朋友，这些汉字朋友在哪里？老师先带小朋友们到一户人家家里去看看它们在干什么。你看到了什么？你又想到了什么？先自己看图说一说，再试着拼读图上的音节。现在请小朋友们打开语文书第19页。

（学生自由读课文，自己看图说一说，并拼一拼图上的音节词）

师：你看到了什么？想到了什么？

生1：我看到两个叔叔在下棋，还看到一位阿姨在洗衣服，还看到一个哥哥在搭积木，还看到一个女孩在喂小鸡。

师：在这句话中只需要在后面用一个"还看到"就可以了。

生2：我看到两个叔叔在下棋，一位阿姨在洗衣服，一个哥哥在搭积木，还看到一个女孩在喂小鸡。

生3：（拼读音节）xià qí。（再读词语）下棋。

师：你在哪里见过这个"下"字？

生1：地下室。

生2：录音机里听过这个"下"。

生3：下楼梯时看见墙壁上写着"上下楼梯靠右走"。

师：你观察得很仔细。

生4："厦师二附小"的"下"。

生5："厦师二附小"的厦是厦门的"厦"。

师：放学的时候请你仔细看看校门口的牌子，"厦师二附小"到底是哪个"厦"。

生6：下车，下飞机，下楼梯。

（其余汉字教学同上）

师：真用心。其实很多地方都可以见到我们学过的汉字，只要多留意我们身边的汉字，我们就可以很快和汉字交上朋友。

二、巩固汉字

师：请大家用手中的卡片跟同桌小朋友一起做游戏。拿音节卡片的小朋友读准音节，拿汉字卡片的小朋友拿出相应的汉字卡片读准汉字的字音，再将汉字放在音节下面。

学生动口读一读，动手摆一摆。

生1：读 xià qí。

生2：读"下棋"。

老师张贴卡片全班齐读。（其余音节、汉字的复习巩固同上）

师：现在我们一起来摘苹果。这些"苹果"后面藏着我们今天学的音节、汉字，谁读准了，老师就将"苹果"送给他。（学生学习热情高涨，争先恐后。一双双小手高举过头，谁也不甘示弱）

生1：鸡。

生2：服。

师：这个字和"衣"组成词的时候读 fu，单个字读什么？

生3：读第二声 fú。

师：还有"独木桥"等着我们呢！桥上有一个词语，谁能读准这个词并用这个词说一句话，就可以安全走过"独木桥"。

生1：下棋。

生2：我爸爸和叔叔爱下棋。

生3：下棋，我爸爸和我在下中国象棋。

生4：老师，我给这位同学提一个小小的建议。他没有将"下棋"合在一起说。应该说我和爸爸在下棋，下棋很好玩。

（这时课堂发出欢呼声，"你真棒！"）

生5：洗衣服，妈妈洗衣服很辛苦。

师：你理解妈妈洗衣服很辛苦，老师相信你一定会讲卫生。

三、读儿歌

师：看这幅图，这群小鸡在干什么呢？请自己试着拼读儿歌，自己会拼的、会读的做个记号。

（学生读儿歌）

师：你们是怎么学会这首儿歌的？

生：我认识一些汉字，遇到不懂的就借助拼音，或者听录音。

师：你的办法真好。

（全体学生自读音节、汉字后伴随音乐读儿歌。边读边比动作）

【评析】

一、构建学生自主、合作学习的课堂

教学过程中，学生的主体地位得到充分的体现，教师关注每个学生的学习，学生是活动的主人，学生自主学习，加强合作，因此，学生学得积极、主动，学习热情高涨。

二、教学活动多样

在该案例中，教师设计了多种形式的活动、游戏，让全体学生动口、动脑、动手，多种感官协同活动，提高识字效率；改变了教学内容单一呈现的方式，以多种活动形式来呈现，如摘苹果、走独木桥，增强学生学习的兴趣，学生在课堂上表现积极，课堂气氛活跃。

三、发挥教学评价的作用

教师注重教学评价，对学生的回答，既有即时评价，又有延时评价，尽量让学生自己去发现错误并及时改正，或者让学生互相帮助，获取知识，而非老师的直接灌输。注重启发学生掌握学习方法，如"你们是怎么学会这首儿歌的？"引导学生总结方法；教师启发学生联系学生的具体生活情境开展有效的沟通，强化学生的语言运用能力。根据教学内容随时对学生进行思想情感的熏陶，如"你理解妈妈洗衣服很辛苦，老师相信你一定会讲卫生"。润物无声地让孩子领会妈妈的辛劳，学会关爱与感恩母亲。

四、拼音教学与语言实践训练有机结合

学习拼音、看图识字和说句子相结合，体现了拼音教学与语言实践训练有机结合的教学理念，强化了对学生的语言训练，促进了儿童语言能力的发展。

第二节 识字写字教学案例分析

汉字是传承和弘扬中华文化的重要载体，是中华民族的基本标志，也是中华文明的显著标志。在中国几千年社会发展的进程中，汉字对团结整个中华民族、发展全民族的经济文化、巩固国家的统一、对外传播中华文化等，都起到了极其重大的作用。在基础教育中，识字写字教学是语文教学中一项重要的内容，通过识字写字，能够培养学生热爱祖国通用语言文字的情感，不断丰富学生的语言文字积累，正确规范使用国

家通用语言文字进行表达与交流。

张志公先生指出:"识了字的孩子,在发育成长上是一次飞跃,正像有历史记载以后的人类同史前人有很大的区别一样。"当学生在语言文字积累上达到一定的数量后,必定会在阅读、思考、表达等方面产生质变和飞跃。

识字与写字是阅读和写作的基础,有利于学生智力的发展,是第一学段的教学重点,也是贯穿整个义务教育阶段的重要教学内容。识字与写字教学应结合学生的生活经验,采用形象直观的教学手段,创设丰富多彩的学习情境,综合运用随文识字、集中识字、注音识字、字理识字等多种识字方法,逐步发展学生自主识字能力,养成良好的写字习惯,提高学生写字的能力。

《语文课程标准》对识字写字教学的要求如下:

识字写字的学段要求

学段	具体要求
第一学段	喜欢学习汉字,有主动识字、写字的愿望。认识常用汉字1600个左右,其中800个左右会写。掌握汉字的基本笔画和常用的偏旁部首,能按笔顺规则用硬笔写字,注意间架结构,初步感受汉字的形体美。努力养成良好的写字习惯,写字姿势要正确,字要写得规范、端正、整洁。学习独立识字。能借助汉语拼音认读汉字,用音序检字法和部首法查字典
第二学段	对学习汉字有浓厚的兴趣,养成主动识字的习惯。累计认识常用汉字2500个左右,其中1600个左右会写。有初步的独立识字能力。能用音序检字法和部首检字法查字典、词典。写字姿势正确,养成良好的书写习惯。能用硬笔熟练地书写正楷字,做到规范、端正、整洁。用毛笔临摹正楷字帖,感受汉字的书写特点和形体美。能感知常用汉字形、音、义之间的联系,初步建立汉字与生活中事物、行为的联系,初步感受汉字的文化内涵
第三学段	有较强的独立识字能力。累计认识常用汉字3000个左右,其中2500个左右会写。感受汉字的构字组词特点,体会汉字蕴含的智慧。写字姿势正确,有良好的书写习惯。硬笔书写楷书,行款整齐,力求美观,有一定的速度。能用毛笔书写楷书,在书写中体会汉字的优美

【案例1】

在家里

（课前准备画有物品图形的词语卡片）

师：同学们，今天老师要带你们到小明的家里，去认识一些物品，谁看得认真，记得仔细，老师就把这些"物品"奖给谁。

（教师展示课件：小明家里的陈设及其生活用品）

师：你们知道这是在哪里吗？

生：在家里。（老师板书课题）

师：哇！这个家里的物品可真多！谁能把自己认识的物品大声地介绍给全班同学？

生1：沙发　茶几　书架　报纸

生2：挂钟　灯　电视　电话

（教师将词语卡片贴在事先准备好的小黑板上）

师：你们真了不起，一下就说出了那么多物品的名称。你们再看一看图形下面的汉字，这就是我们今天要认识的生字。请同学们看图读一读生字，注意生字的偏旁。

师：好！我们已经认识了这些生字，下面来给它们找朋友，看谁找得准。

（学生拿出准备好的物品音节卡片。老师读"沙发"，学生找"shā fā"，同时，让一名同学贴在生字卡片上，齐读三遍，直到找完为止）

师：刚才我们认识了那么多的物品，下面请同学们任意选一个物品说一句完整的话。

生1：我家有长长的红沙发、软软的，坐在上面很舒服。

生2：我家有高高的书架，上面放了很多书。

生3：我家有台灯，我每天晚上都在台灯下学习。

生4：我家的洗衣机是妈妈的好帮手。

师：我们已经认识了小明家里的不少物品，下面再来说一说他家里有些什么人，他们又在做些什么呢？

（出示课件：爸爸、妈妈和小明的画面）

生1：家里有爸爸、妈妈和我。

生2：晚上，爸爸在看报，妈妈在看电视。

生3：我给爸爸、妈妈送上水果。

（让学生自由读短文）

师：为什么爸爸、妈妈笑了，我也笑了？

生1：我给爸爸、妈妈送上水果，他们夸我懂事，所以我笑了。

生2：爸爸、妈妈夸我热爱劳动，尊敬长辈，所以我笑了。

师：这里有一些生字卡片，我想请同学们上讲台来当小老师，大声带领同学们读！

师：好，同学们都学得不错，你们还能不能说一说，这个家里还可能会有哪些物品？有哪些人？

生1：有花瓶，花瓶里插着鲜花，十分漂亮。

生2：还有布娃娃，它们是我们的好伙伴。

生3：有爷爷奶奶，他们都很喜欢我。

……

师：你们爱自己的家吗？

全体学生：爱。

【评析】

一、学习与生活相联系

新课程理念注重学习与生活的联系，要求学生能在生活中学习，能在生活中运用。看画面想到自己的家，说的是图上的一家，其实是在夸自己的一家，其乐融融，亲情无限，也激发了学生爱家庭的情感，同时不留痕迹地使学生熟悉了生字、词。

二、识字与语言训练相结合

教学中不断创设学习情境，把生字放在具体的语言环境中高频率接触，让学生用词语说句子，反复运用，胜过机械抄写，同时锻炼了学生的口语交际能力。

三、在语言实践活动中识字

根据实物图片将对应的拼音卡片找出来的活动环节，旨在让学生借助实物认识生字，读准发音，找准物品，把抽象的文字和具体的实物联系起来，学生感兴趣，也容易记住，自然，轻松。台上台下互动，识字成了一种有趣味的竞赛活动，而且是有"奖"竞赛，激发了学生的识字兴趣，学生乐趣无穷，开发了学生的识字潜能。

【案例2】

识字4

一、谈话激趣，看图导入

师：夏天就要到了，在这美丽的季节里，小动物们发生了哪些有趣的事情呢？我们一起去看看吧。（课件出示夏季风景图）快来找找这些小动物吧，说说它们在那里干什么。

学生仔细看图，有很多学生举手想发言。

师：你说说。（让举手的学生说）

生：小蝌蚪在玩耍。

师：说得多好啊，谁再能说说？

生1：蜘蛛忙着结网。

生2：蚯蚓在土里挖洞。

师：还有什么小动物呢？你来说说。

生：蜻蜓在水上游玩。

师：你们观察得可真仔细，你们在生活中见过这些小动物吗？

生：见过。

师：谁能告诉我在哪儿见过呢？

生1：我在地里见过蚯蚓。

生2：我在家里见过蜘蛛。

生3：我在河里见过蝌蚪。

47

二、初读课文，认识生字

师：同学们，我们在生活中见过的这些小动物，有一首儿歌就写了这些小动物有趣的活动，想来读读吗？今天我们就来学习《识字4》，快快把语文书打开，自己先去读读。如果在读的过程中遇到困难该怎么办呢？

生：借助拼音读准字音。

师：好方法，还有吗？

生：问老师或同学。

师：你们说的都是好方法，下面同学们就打开书的57页，自由朗读吧。

学生自由读。

师：同学们读完了吗？这个字你认识吗？（教师出示"展"字）

生：展，展翅，蜻蜓半空展翅飞。（个别读，其他学生跟着读）

师：谁能学学蜻蜓半空展翅飞的样子呢？

一个学生做蜻蜓展翅飞的动作。

师：飞得真像，我们给他鼓鼓掌。

师：你们谁认识这个字？（教师出示"运"字）

生：运，运食粮，蚂蚁地上运食粮。（个别读，其他学生跟着读）

师："运"可以用在"运动、运气、运用、运算"这些词语中。

师：你们谁认识这个字？（教师出示"网"字）

生：网，结网，蜘蛛房前结网忙。

师：蜘蛛结的网叫蜘蛛网，咱班有小画家吗？谁能到黑板上简单地为我们画张蜘蛛网？（一名学生上讲台画）

教师在图画上写一个大大的"网"字后问：你们发现了什么？

生：网字外面的框就像是蜘蛛的网，里面的小叉子就像是小蜘蛛。

师：你还知道什么网？

学生纷纷说：球网、铁丝网、电网、渔网、上网。

师：好了，请你们把书先放好，谁愿意把儿歌给大家读读，谁行？哦，这一组男同学真勇敢，这一组同学请起立，你们一人读一行。(你读第一行，你读第二行……)

师：其他同学，你们也把书打开，我们要认真听他们的字音读准了吗？好，开始。

学生一人读一行。

师：掌声鼓励他们，字音读得真准。这回我们再来读读儿歌。

师：大家小声读一读之后，拿出铅笔来，用括号在儿歌中画出小动物的名字。等你同桌的小伙伴也画完了，就请你把你认识的小动物的名字读给他听，不认识的你可以问问他。听清楚了吗？

生：听清楚了。

师：开始吧。

学生读书并画出小动物的名字，不认识的同学之间互相学习。

师：好了，孩子们，谁能大声音地告诉我呢，你画出了哪些词呀？你来说。

生：我画出了蜻蜓、蝴蝶、蚯蚓、蚂蚁、蝌蚪、蜘蛛。

师：谁画的和他的一样呀，你们真棒呀。小动物们被你们从儿歌中找出来了，你们还认识它们的名字吗？

生：认识。

师：看看，小动物们从儿歌中跑出来了，我们一起再认它们的名

字。（师出示有图画、汉字、拼音的动物卡片，每出示一个，学生读一个）

师：读得多好呀，小动物们回家了，你们还认识吗？（出示没图片的动物名称）

生：认识。

师：谁认识？给我们读一读。（学生自由朗读）

师：（出示没有拼音的动物名称）仔细看看，发现什么了？

生：拼音没有了。

师：拼音都没有了，你们还认识吗？

生：认识。

师：男同学女同学我们比比。男同学准备，开始。

男同学读：蜻蜓、蝴蝶、蜘蛛、蚯蚓、蚂蚁、蝌蚪。

师：女同学，你们超过他们，声音比他们还洪亮，行吗？

女生：行，蜻蜓、蝴蝶、蜘蛛、蚯蚓、蚂蚁、蝌蚪。

师：真了不起！这回，小动物们站好了整齐的队伍。

师：（出示排好顺序的生词）你们看，还认识他们吗？

生：认识。

师：真的呀，谁认识？认识的同学请起立，你们可真是自信的孩子啊！

学生齐读排好顺序的生词。

师：读得真好，请坐。

师：这样，现在我们一起做个游戏，愿意吗？

师：我这里有小动物的名片（出示打印的"蝴蝶""蚯蚓"等6张名片），还有它们的照片呢（出示打印的"蝴蝶""蚯蚓"等6

张彩色图片），我们给它们找朋友，谁愿意？（师把12张卡片发给学生）

师：其他同学我们不要着急，我们和他们一起做这个游戏，和他们一起说，一起鼓鼓掌。开始吧。

师：同学们，找朋友，一、二。

学生读：嘿嘿，我的朋友在哪里？嘿嘿，你的朋友在这里。我们的名字叫："蜻蜓。"

嘿嘿，我的朋友在哪里？嘿嘿，你的朋友在这里。我们的名字叫："蝴蝶。"

嘿嘿，我的朋友在哪里？嘿嘿，你的朋友在这里。我们的名字叫："蜘蛛。"

嘿嘿，我的朋友在哪里？嘿嘿，你的朋友在这里。我们的名字叫："蚯蚓。"

嘿嘿，我的朋友在哪里？嘿嘿，你的朋友在这里。我们的名字叫："蚂蚁。"

嘿嘿，我的朋友在哪里？嘿嘿，你的朋友在这里。我们的名字叫："蝌蚪。"

师：它们的朋友找对了吗？

生：找对了。

师：好，给他们鼓鼓掌。

三、感悟方法，培养能力

师：多棒啊，我们一起再来读一读，一二。（全体齐读）

师：同学们，请你们睁大眼睛，仔细看看这些字，你们发现什么了？

生：都有虫字旁。

师：你说得真好。还有补充的吗？

生1：蚂蚁的蚂，右边念马，加上虫字旁也念马。

生2：蜻蜓的蜻，右边念青，加上虫字旁也念青。

生3：蜻，左边表示意思，右边表示读音。

师小结：像这样，在一个字当中，一部分表示字的意思，另一部分表示这个字的读音，这样的字叫形声字。一起说。

生：形声字。

师：在汉字中有许多许多字都是形声字，只要我们抓住这个特点就可以牢牢地记住这些字。

四、指导书写

师：今天我们不仅认识了形声字，我们还要动手写一写形声字呢。愿意吗？

生：愿意。

师：有一位同学写了三个蚂字，你们看（出示三个"蚂"字），她写的这三个字，你们认为哪个字最漂亮，为什么？

生：中间的字最好看。

师：对，左边的字两部分分开了。右边的字左右两部分又太挤了。在写这个字时我们一定要注意把这两部分写紧凑。我们一起来写一写（示范写"蚂"字），好了，我们一起写这个字。（师出示"蚁"字）

师：哪个字？

生："蚁"字。（教师示范写"蚁"字）

师：写字时我们一定要保持正确的写字姿势。然后把字写正确、写漂亮。

学生书写、描红、仿写。（配轻音乐）写后评奖。

师：刚才写字的时候，有很多同学得到了小红花。只要你们平时多练习，一定能够把字写得更漂亮。

五、拓展延伸，仿写儿歌

师：今天我们认识了这么多动物朋友，你们最喜欢谁呀？你说。

生：我最喜欢蚯蚓。

师：这样吧，我们再来从头到尾把儿歌读一遍，然后就重点读你们最喜欢的这种小动物的活动。读了之后，打个手势，开始吧。

（学生读儿歌）

师：这次请把你们最喜欢的小动物的活动读给同桌小伙伴听，还可以加上动作演一演。同桌要注意听。看他读得好不好，看他演得漂亮不漂亮，开始吧。

（学生自己练习读书，再读给同桌听）

师：我听到了也看到了，有的同学演得可精彩了。那谁能大声告诉全班同学，你最喜欢哪种小动物呀？

生：我最喜欢蝌蚪。

师：读给大家听好吗？

生：蝌蚪池中游得欢。

师：谁还喜欢蝌蚪？那我们选喜欢蝌蚪的同学准备好一起读。蝌蚪，一二。

合：蝌蚪池中游得欢。

师：喜欢蝴蝶的同学呢？喜欢蝴蝶的同学请起立，我们一起来读读蝴蝶的活动。

师：蝴蝶，一二。

合：蝴蝶花间捉迷藏。

师：同学们，你们刚才两人读的时候我特羡慕，也想和你们一起读读，行吗？

生：行。

师：谢谢你们让我加入。我们这么读，看谁最聪明呀，我来问，你们用儿歌中的句子来回答，注意听：准备好，蜻蜓在什么地方做什么？

合：蜻蜓半空展翅飞。

师：真了不起，蝴蝶在什么地方做什么？

合：蝴蝶花间捉迷藏。

师：蚯蚓在什么地方做什么？

合：蚯蚓土里造宫殿。

师：你们学会了吗，这种方式？

生：学会了。

师：那这样吧，你们两个人，一个问，一个答，然后再换一下，好吗？

生：好。

师：赶快吧。（学生之间一问一答）

师：孩子们，这么多小动物你最喜欢哪一个，就请你扮演那一个小动物，到前面来介绍介绍。

师：蜻蜓，这位蜻蜓姑娘。

第三章 语言文字积累与梳理教学案例分析

师：蝴蝶，蝴蝶小姐，还有你要扮演什么？

师：你来，蚂蚁蚯蚓先生，蝌蚪、蜘蛛，快来吧。

师：他们的动物朋友全来了，从你开始，准备好。

生：嗨，大家好，我是一只小蜘蛛，圆圆的身体八条腿，房前结网就是我，捉拿害虫我最行。

师：快给小蜘蛛鼓鼓掌，你呢？

生：嗨，我是水中小蝌蚪，圆圆的脑袋尾巴长，快快乐乐池中游，好像一个小逗号。

师：说得好，我们鼓鼓掌，你说。

生：大家好，我是一只花蝴蝶，每天穿着花衣服，飞到东来飞到西，飞到花间捉迷藏。

师：我们为这只美丽的蝴蝶鼓鼓掌。

生：大家好，我是一只小蜻蜓，两对翅膀亮晶晶，常在半空展翅飞，好像一架小飞机。

师：我们为这只小蜻蜓鼓鼓掌。

生：大家好，我是一只小蚯蚓，头尾让你分不清，默默无闻爱劳动，我在土里造宫殿。

师：我们为这只爱劳动的小蚯蚓鼓鼓掌。

生：嗨，我是一只小蚂蚁，见面总是问问好。排着队伍一二一，大家一起运食粮。

师：好，为这只勤劳的小蚂蚁鼓鼓掌。

师：孩子们，不仅你们喜欢动物，老师也很喜欢动物，我也带来了几位动物朋友，和我一起认识它们，好吗？

生：好。

师：你们看看它们是谁？（师出示青蛙卡片）

师：能说出它的名字吗，这是谁？

生：青蛙。

师：看看青蛙朋友来了，这是谁呀？（师出示蜜蜂卡片）

生：蜜蜂。

师：小蜜蜂也飞来了，这是？（师出示蟋蟀卡片）

生：蟋蟀。

师：这是什么？（师出示蜈蚣卡片）

生：蜈蚣。

师：你们注意看。这些动物的名字中也带有什么偏旁？

生：虫字旁。

六、课堂练习

师：孩子们，我们把学过的儿歌变一变，看谁能填出来。半空(　　)展翅飞，花间（　　）捉迷藏。土里（　　）造宫殿，地上（　　）运食粮。池中（　　）游得欢，房前（　　）结网忙。半空展翅飞是（　　），花间捉迷藏是（　　）。土里造宫殿是（　　），地上运食粮是（　　）。池中游得欢是（　　），房前结网忙是（　　）。

师：孩子们，你们下课之后，收集带有虫字旁的字，来丰富自己的知识，好不好呀？

生：好。

师：同学们，再见！

生：老师再见！

【评析】

一、创设情境，激发学生探究欲望

低年级学生，对周围的事物充满好奇，特别好问，他们具有探究和创造的潜能。教师要善于发现、激发和调动这些潜能，保护学生的好奇心和求知欲，尽量想办法创设好奇、生动、有趣的情境，让学生对学习产生兴趣，进而产生主动探索的强烈欲望。孩子们的兴趣有个共同的趋向，那就是倾向于探究与自己关系密切或熟悉的事物。如果把发生在他们生活中的事情纳入课堂中来，就会引起他们极大的兴趣，与其产生共鸣。本课是一首充满童趣的儿歌，儿歌写小动物在夏天活动的情形。因此，根据一年级学生喜欢小动物的特点，在教学之初，教师利用多媒体呈现夏季风景图，用富有激情的话语"夏天就要到了，在这美丽的季节里，小动物们发生了哪些有趣的事情呢？我们一起去看看吧。（课件出示夏季风景图）快来找找这些小动物吧，说说它们在那里干什么。"将学生带入美好的情境之中，增强了学生的主体感受，调动了学生的情感参与。通过活动与表演，让学生沉浸在大自然的情境中，感受小动物的各种活动，既激发了学生热爱自然的感情，也增强了对"展""运"等动词的理解和认识。

二、确定恰当的探究任务

如果没有明确具体的目标做指导，在开展探究和做评价时，就会感到无所适从。有了探究目标，学生在学习时才不会迷失方向，零碎、发散的思维才能得以集中。设计和制定每一课的探究目标和任务，师生必须对探究的主题进行界定。任务是探究性学习的起点和归宿。课堂上提出的探究任务要适合学生的思维水平和认知能力,有一定的挑战性,可以激发学生的学习动机,能够激起学生的探究兴趣,并足以引起学生的探究活动。本课的生字大部分是虫字旁的,因此在学习小动物的名字时,让学生小组合作讨论"观察这些字,从字形上你有什么发现"让学生有一个明确的任务可以讨论,探究才能顺利展开。在探究中,教师一定要目中有人,重视对学生的研究,了解学生的需要,了解学情,不能仅仅根据自己的主观愿望和思维方式来确定内容,而应让学生分享学习的决策权,引导他们按自身的需要选择学习的目标。

三、保证学生自主探究的空间

在课堂中,教师要相信学生的潜力,摒弃烦琐的分析讲解和穷追猛打似的提问,注重加强学生的自学探究,给时间、给机会、给指导,努力引导并教会学生独立思考,学会与他人合作,把问的权利交给学生,把读的时间还给学生,把说的机会让给学生,大胆放手,保证学生有足够的时间和空间去自读、自悟、自我表现。如在鼓励创新的环节中,让学生根据课文内容发挥想象说一说"它们在那里干什么",给学生足够的时间和空间,他们探究问题的积极性就会被调动起来。在小组讨论学习中大胆尝试,学生学得生动活泼,兴趣盎然,充分感受到自主探究的愉悦,不但深化学生对课文内容的理解,而且鼓励他们主动学习、勇于创新。

在活跃的课堂氛围中,学生不仅掌握了生字,而且也发现了这些生字的结构规律,这样,既实现了知识与能力目标,也掌握了识字和写字的方法,同时也培养了学生观察生活的习惯,热爱自然、热爱生活的思想感情。

学生主动、活跃地学习吸纳新知识，老师适时地给予肯定、赞赏，保持了学生强烈的学习动机，激励学生积极地深入学习，加强实践，学生乐在其中。

【案例3】

《识字4田家四季歌》教学设计

教学目标： 学习一二小节，认识10个生字，会写7个生字；能正确、流利地朗读课文。

教学重点： 能运用恰当的识字方法识记汉字。

教学难点： "农""戴"的书写。

教学准备： 相关课件等。

课时安排： 1课时。

一、看四季图，激趣导入

出示四季图片（图片播放顺序：春、冬、秋、夏）学生看图分别猜出季节后，课件上出示春夏秋冬四张季节图片（在一张幻灯片上）

师：一年有四季（点出"四季"），这个字（点出带拼音的"季"字）读——（生回答）

师：谁来说说你是用什么方法记住"季"字的？

（生说识字方法，师随即贴出识字方法，如：加一加）

出示课题。

师：今天我们一起走进田家，学习——（点击课件，出示课题）"田家四季歌"。

二、朗读课文，初步感知

师：现在听老师读这首儿歌，请同学们把语文书翻到23页，边看书边听，注意听准字音，一会儿老师要请你们读一读。

师：现在请你们自由读一读，请读准字音，读通句子，读完了给我手势。（师示范手势）

生自读完，请一生读。

师：读得很流利（发音很标准），现在大家像他一样一起读这首儿歌。（全班齐读）

三、细读课文，随文识字

（一）学习第一小节

师：现在我们一起走进春季，请女生读一读第一小节，男生边听边想，这一小节写了春天的哪些景物？请女生起来，春季里，开始——（读完后老师点评：听了你们的朗读，我仿佛看到了春天的美景）

师：春季里，春风吹，有——有——有——有——还有——（分别抽男生说：花、草、蝴蝶、麦苗儿、桑叶儿）

师："春季里，春风吹"这句儿歌里"春风吹"用了一个动词，是哪个动词？

师：（吹）我们来做这个动作，（生和老师一起吹）现在让我们边做这个动作边读这个词：吹——刚才我们吹——用到了嘴，所以这个字有一个偏旁"口"。（点击"蝴蝶"）

师："春季里，春风吹"吹来了什么？（点击课件"花开草长蝴蝶飞"）

生读。

师：同学们，谁来读读这个词？看看这两个字有什么特点？（都是"虫"字旁）因为蝴蝶是昆虫（点击蝴蝶图片），你们还知道哪些类似的字？预设：蜻蜓、蚂蚁、蜘蛛、蚂蚱等与小昆虫有关的字常用"虫"字旁。

师："春季里，春风吹"还吹来了什么？（点击课件"麦苗儿多嫩，桑叶儿正肥"）请生读"麦苗儿"。

师："麦苗"这个词加上一个"儿"字，你读的时候能感受到麦苗是怎样的？（再抽一生读"麦苗儿"）你读出了麦苗儿的嫩，大家一起读"麦苗儿"。

师：儿歌里除了麦苗加了一个"儿"字，还有什么词也加了？（桑叶儿）大家读（桑叶儿）。

师：儿歌里用了一个字形容"桑叶儿"，是——"肥"（课件出示：肥）谁来说说"肥"在这里是什么意思？（桑叶长得很茂盛，叶片厚，看起来胖嘟嘟的）

生再读。

师：春天的田家多美呀，我们一起美美地来感受春季里田家的景色。（读一小节）师手指课件，"春季里，开始——"

师：刚才我们学习"季"字时用了"加一加"的方法，学"吹"用了"做动作"的方法，学习"蝴蝶""麦苗""桑叶"用了"看图片"的方法，学习"肥"我们还联想了它的意思（边说边贴识字方法卡片），其实识字方法还有很多，如"猜字谜，组词，编儿歌等"。（师边说边在黑板上补充识字方法）

（二）学习第二小节

师：刚才我们感受了田家春季的美景，现在我们走进夏季，请同学们自读第二小节，读完给我手势。

生读完后，师：学第一小节时我们用了许多识字方法，下面我们小组合作学习第二小节，请看小组学习要求，（课件出示小组学习要求）识字方法。（师补充说明：每个小组内在这四个字里选一个，说一说用什么方法记住这个字。——点击出现：农、忙、归、戴）

小组学习，师指导。

小组汇报。

师：哪个小组交流了"农"的识字方法？（生说）

师：你能用"农"组个词吗？（师面向全班同学，问：还可以组什么？）

师指黑板上识字方法强调，有些字我们可以用组词的方法来记。

师：谁来说说"忙"的识字方法？（"亡"加竖心旁，熟字加偏旁，就是加一加的方法）

师：谁来说说"归"字可以用什么方法记住？（组词，看图片）

师："戴"你们有没有想出办法来记？看来这个字把你们难倒了，老师想了个办法，我们来看看"戴"可以分为哪四个部件。

（重点指导"戴"，师准备儿歌："十"在上，"戈"（注音）伸左手接住"十"，"田""共"藏在左下角），平时我们"戴"什么东西？（戴帽子、戴项链、戴手表）像这些东西戴在头上、身上或手上，都用这个"戴"。如果把东西随身带着，就用我们学过的"带"，看看，下面句子应该用哪个 dài。（生选字填空）

师：那儿歌里"归来戴月光"是什么意思？（月光洒在农民伯伯

身上)"早起勤耕作,归来戴月光"就是说农民伯伯很早便起床到田里耕作,到了晚上月亮都出来了才回家。所以我们才说——夏季里,农事忙。他们忙着干什么呢?(采桑、养蚕、插秧)

生再读一二小节。

师:刚才我们既欣赏了田家春季的美景,又感受了田家夏季的忙碌,现在我们一起再来美美地读这两个小节。

师:我们学习一二小节认识了许多生字,老师想考考你们,看是不是真的记住这些字了。(玩魔方识字游戏)

四、指导写字

师:生字宝宝都成为你们的朋友了,瞧!有几个生字宝宝被吸引来了。(课件出示要求写的字:季、吹、肥、农、忙、归、戴)(这七个字放在田字格里展示)同学们,认识它们吗?读一读。

(一)观察结构

师:同学们,请观察这八个字,谁能发现它们的结构有什么规律?

("季"上下结构,"吹、肥、忙、归"左右结构,"农"独体字,"戴"半包围结构。)

(二)分别指导书写

师:同学们,你们看:"季"是上下结构,因为"子"有一长横,所以稍微显得宽一些。(课件出示单独田字格里的"季")大家跟着上面书空。(课件演示笔顺)

师:"吹、肥、忙、归"这四个字是左右结构,这几个字在书写时应该注意左窄右宽。

"农"这是独体字,大家看哪两画要写得长一些?(撇、捺)

63

老师来写这个字，大家注意观察，老师在黑板上边写边讲解：点和横钩在横中线上侧，长撇从竖中线上端起笔，（用红色粉笔）第四笔竖提的提尖过竖中线，短撇在横中线上下，捺从长撇中部起笔，注意不要连着竖提，这一捺写过了与短撇相接。（用红色）（师写完）

你们看，老师写的"农"字在田字格里站稳没有？你们看它的两只脚，左脚站直，右脚稍稍抬起来，记住不要抬太高，会摔倒的。现在请同学们跟着上面书空，请大家在书上给"农"字描红。

"戴"读"戴"的儿歌，请大家观察"戴"字哪些笔画写得最长？（横、斜钩）

现在老师来写这个"戴"字，请大家仔细观察，师边范写，边讲解："十"在左上格，"戈"的横写得很长，从左上格写到右上格，左低右高，左下角的"田"和"土"写得很紧凑，"戈"的斜钩写得很长，起笔时比"十"的竖略高。

现在请同学们跟着上面书空，请大家在书上给"农"字描红。

同学们，请在书上把这些字先描红再写两遍，写完后同桌互相看看，看看谁写得跟书上的例字是一样的。（展示台展示学生写的字）

【评析】

一、利用儿童的形象思维特点，提高识字教学效率

儿童认识事物以形象思维为主，在很大程度上要与具体事物相联系，将识字与形象的画面相结合，对认识字形、理解字义有很好的效果。该案例中教师通过课件呈现四季画面，通过朗读儿歌，引出对生字的学习，并且将生字放在具体的语境中认识记忆，识字与阅读结合，既有利于提

高识字效率，又有利于发展儿童的语言能力。

二、注重字形的分析和概括，指导学生认识汉字的结构规律

汉字结构复杂、笔画繁多、差异性小，初识字的儿童对汉字的精细辨别能力不高，在教学中，教师要重视引导学生分析和概括字形，如："吹"是动词，用口吹，"口"做偏旁；与昆虫有关的用"虫"字旁；对"戴"字的笔画分析，与"带"字的语义区别，通过分析帮助学生理解字形与字义的联系，逐步让学生认识和掌握汉字的结构规律，为学生进一步学习汉字奠定扎实的基础。

三、激发学生兴趣，提高识字效率

儿童活泼好动，注意力集中的时间有限，在课堂上应尽可能创设丰富多彩的教学情境，本案例采用玩魔方识字游戏、做动作、看图片等形式，运用直观形象的教学手段，激发学生兴趣，使他们保持对学习内容注意的稳定性和持久性，提高了课堂学习效率。

四、指导写字得法

观察是儿童认识事物的基础，写字教学中，首先是指导学生观察字形，然后教师示范书写，展示写好一个汉字的全过程，并且强调在田字格中的笔画布局，领着学生书写，在书本上描红，在练习本上练习书写。还采取同桌互相对比互评、展示台展示书写的方式，帮助学生养成良好的书写习惯，同时也是培养学生审美情趣的过程，陶冶学生性情，使学生感知美、欣赏美、创造美。

第三节 语言文字知识教学案例分析

"语言文字积累与梳理"包括语音、文字、词汇、语法、修辞等方面的知识,《语文课程标准》指出:"要避免围绕相关知识的概念、脱离实际运用进行机械训练。在教学中应根据语言文字运用的实际需要,从遇到的具体语言实例出发进行指导。"也就是要将抽象的语文知识置于具体的语言环境中让学生体会、领悟,并能够运用于语言表达中。

【案例1】

《"精彩极了"和"糟糕透了"》教学片段

师:你们从文章的哪些句子体会到小巴迪在焦急地等待着父亲回来的?

生:我从第四小节的"七点。七点一刻。七点半。父亲还没有回来。我实在等不及了"看出他在焦急等待。

教师在课件中出示句子:"七点。七点一刻。七点半。父亲还没有回来。我实在等不及了。"学生齐读句子。

师:老师注意到这几句话表达方式很特别,你们发现了没有?自由读读这段话,仔细体会一下。(学生读书,体会)

生:这段话让人觉得等待时间很长。

师:你怎么感受出来的?

生1:作者把几个表示时间的词语一个个写出来,没有直接说七点半父亲还没有回来。

生2：七点。七点一刻。七点半。让人感觉时间过得慢慢的。

师：你有一双慧眼。能把自己的感觉读出来吗？（学生朗读，注意延长词之间的停顿）

师：读出了时间过得很慢的感觉。一刻钟并不长，对巴迪来说却是一场漫长的等待。此时，你们想到了哪些形容时间过得很慢的词？

生：度日如年、望眼欲穿、望穿秋水……

师：是啊，巴迪感到了"度日如年"的滋味了。继续读书，体会一下这个句子的表达形式有什么特别之处。

生1：每一个时间后面都用了句号，也表示巴迪等的时间很漫长。

生2：一个个句号就表示巴迪一段段漫长的等待。

师：讲得真精彩，语言很有诗意！这句话除了让我们感受到巴迪等的时间很漫长，还有什么感受？

生：还让我感受到巴迪等得很着急，好像在不停地看表。

师：想想，望眼欲穿的巴迪在这个短暂而又漫长的等待中，会做些什么呢？

生（纷纷回答）：在屋里不停地来回走着。打开大门，伸长脖子张望。打开窗户，探出身子眺望……

（教师出示经重新组合的句子：七点，父亲还没有回来。七点一刻，父亲还没有回来。七点半，父亲还没有回来）

师：巴迪就这样整整等了一个下午，一直到——（学生读）七点，父亲还没有回来。

师：巴迪在屋里不停地走来走去，都已经——（学生读）七点一刻了，父亲还没有回来。

师：此时的巴迪迫不及待地到门口张望，一直到——（学生读）七点半，父亲还没有回来。

师：等待使心情更加焦急，等待让人感觉时间更加漫长。正是这种特殊的表达方式，才产生了如此强烈的表达效果。这种表达方式多么妙啊。大家可以在作文中把这种方法"偷"过来。请把这段读一读，再体会一下。

【评析】

节奏和标点都是言语的有机组成部分，它们都能在文本中参与文本意蕴的表达，并能增强表达的效果。本片段教学，教师以"老师注意到这几句话表达方式很特别，你们发现了没有？"为话题引导学生与文本展开对话，发现文字表达的特殊之处。先引导学生咀嚼看似平淡的三个表示时间的词语："七点、七点一刻、七点半。"通过咀嚼，学生不但体验到了巴迪等待父亲时望眼欲穿的心理感受，还领悟到读这几个词语时应把握住特定的节奏才能把时间过得很慢的感觉表现出来；接着，再引导学生推敲标点符号，"一个个句号就表示巴迪一段段漫长的等待"是学生揣摩出来的个性化的感悟，再以对标点的感悟为基础让学生围绕"焦急地等待"来展开想象；最后，巧妙地结合重新组合的句子进行引读，在读中深化对文本蕴含情感的领悟，感受言语特有的句式和节奏所产生的表达效果，成功地将标点符号在表情达意上所起的作用这一知识植入学生个体的言语系统中，为学生在日后言语运用中模仿这种言语形式打下良好的基础。

老师没有直接告诉学生这句话中节奏和标点所起的作用，而是让学生关注语言表达形式,自主品味语言的意蕴,启发学生主动发现,这一看似无意却很用心的教学环节,使学生自然而然地学习到了语言知识。

【案例2】

《对韵歌》教学片段——去掉"对"字巧学词

师屏幕出示最后一句。指生朗读。

生:山清对水秀,柳绿对桃红。

师:山清对水秀,柳绿对桃红。去掉"对"字,再读读,谁想读?

生:山清水秀,柳绿桃红。

师:"柳绿"和"桃红"这两个词合在一起时我们习惯读成"桃红柳绿"。

师:大点儿声读。

生:山清水秀、桃红柳绿。

师:谁再站起来读读这两个词?

生:山清水秀、桃红柳绿。

师:真好,来,一起读。

师:同学们,你们真棒,都说"桂林山水甲天下",老师奖励你们欣赏一下,好吗?(出示课件。播放桂林山水风光)

师:看完这样的山水,你们有什么样的感觉呢?在想些什么?

生:这地方真美啊!

师:嗯,还有吗?

生:我的心里很舒服。

师：你们以后看到类似这样的美景时就可以说"山清水秀"。

师：好，那我想问问小朋友，咱们这儿有没有风景非常美丽，也就是山清水秀、鸟语花香的地方，给老师介绍介绍？

生：松花湖。

师：孩子，松花湖是你们家乡的风景名胜。你就可以骄傲自豪地告诉别人吉林的松花湖山清水秀。

生：老师，吉林的北山也是一个山清水秀的地方。

师：你可真棒！嗯，好，等老师有机会一定去吉林的那些地方看一看，谢谢你们告诉我。我们再有滋有味地读读这个吧！

师：今天老师给大家带来了许多图片，想不想看？（大屏幕出示图片，看完图片读生字词）

师：谁能结合看到的说一说：桃红对柳绿？

生：桃红就是红红的桃花。

师：特别红，特别漂亮的桃花，是吗？（竖大拇指）说对了，非常好！柳绿呢？来，你说。

生：就是柳树特别特别绿。

师：柳树远远望去碧绿碧绿的，非常好看，说对了。

师：谁能再来读读这个词？

生：桃红柳绿。

师：闭上眼睛，边读边想象情境，轻声说这个词。

生：桃红柳绿。

【评析】

一、巧用方法积累成语

本片段教学是对小学一年级《对韵歌》识字基础上积累运用成语的落实。教师巧妙地通过"去字变成语"的形式，引导学生将"山清对水秀，柳绿对桃红"去掉"对"字，变成了"山清水秀，柳绿桃红"，再将"柳绿桃红"变成习惯上用的成语"桃红柳绿"。利用多媒体，通过出示大量的图片及相关视频，加深了学生对这两个成语的理解。

二、联系生活学习语文

教师引导学生联系生活实际，启发学生联想，建立汉字与生活中事物、行为的联系，初步感受汉字的文化内涵，将成语运用到描绘家乡美景中，丰富学生感受，实现积累运用成语的目标。同时也让学生直观感悟到"对韵文化"的精妙，激发和培养了学生对语文学习的热爱，对汉字文化的热爱。

第四章　阅读与鉴赏教学案例分析

　　阅读与鉴赏的教学，旨在培养学生阅读的兴趣，喜欢阅读，养成良好的阅读习惯，学会运用多种阅读方法，具有独立阅读能力。能阅读日常的书报杂志，初步鉴赏文学作品，能借助工具书阅读浅易文言文。感受语言文字的美，感悟作品的思想内涵和艺术价值，能结合自己的经验，理解、欣赏和初步评价语言文字作品，丰富自己的情感体验和精神世界。

　　萨特说："阅读是一种被引导的创造。"学生在阅读中，并不是消极地接受、索取意义，而是积极主动地发现、建构意义，甚至创造意义。现代对话理论认为，作者与读者的关系，就其本质而言，体现了人与人之间的精神联系，阅读行为也就意味着在人与人之间确立了一种对话和交流的关系。这种对话和交流是双向的、互动的，互为依存的，阅读成为思维碰撞和心灵交流的动态过程，是主体与主体之间的关系。读者的阅读，正是一种共同参与以至共同创造的过程。

第一节　文学阅读与鉴赏教学案例分析

　　小学阶段的文学阅读与鉴赏是在小学阅读教学情境中实施的，文学鉴赏的本质是审美，而审美恰是儿童的天性。文学是语言的艺术，文学作品中具体可感的艺术形象、真切的情感，是通过语言这个媒介来表现的。因此，教师引领儿童借助语言符号进行语言意义层面的审美把握，理解、揣摩、体会、感受作品的人物、景物、事件、情感，从而走进文本，走近作者，与作者共鸣，与艺术形象共鸣，获得审美愉悦。教师要确立儿童阅读的主体性，引导儿童在文本特定的情境中，根据自己的情感倾向和生活经验来理解、丰富艺术形象，进行创造性审美活动，再造艺术形象，重建文本意义，从而获得更为深层的真正的精神享受。

　　语文教材中的童话、寓言、小说、记叙散文、故事等都属于叙事性作品，《语文课程标准》对叙事性作品则都提出了明确的要求。

叙事性作品的学段要求

学段	基本要求
第一学段	阅读浅近的童话、寓言、故事，向往美好的情境，关心自然和生命，对感兴趣的人物和事件有自己的感受和想法，并乐于与人交流
第二学段	能复述叙事性作品的大意，初步感受作品中生动的形象和优美的语言，关心作品中人物的命运和喜怒哀乐，与他人交流自己的阅读感受
第三学段	阅读叙事性作品，了解事件梗概，能简单描述印象最深的场景、人物、细节，说出自己的喜爱、憎恶、崇敬、向往、同情等感受

　　通过文学阅读与鉴赏，旨在引导学生在语文阅读实践活动中，感知语言文字，领悟作品语言的节奏、韵律以及语言包含的情意、旨趣，进

而通过整体感知、联想想象，感受文学语言和形象的独特魅力，获得个性化的审美体验；了解文学作品的基本特点，欣赏和评价语言文字作品，提高审美品位；观察、感受自然与社会，表达自己独特的体验与思考；发展儿童的文化理解力、生命感悟力和艺术审美力。

童话的教学

童话是儿童文学的一种体裁，通过丰富的想象和夸张、象征、拟人的手法塑造形象。"儿童的本性是爱听美妙的童话的"，童话符合儿童认识世界的独特方式，赋予花鸟虫鱼，山川树木，整个大自然以及家具、玩具以生命，注入思想情感，使它们人格化，语言通俗生动，故事情节往往离奇曲折，引人入胜，使儿童受到思想教育和情感熏陶。在小学语文课本中编选有很多的童话作品。

【案例1】

《夏夜多美》是一个童话故事，这篇文章文辞优美感人，字里行间透着一股浓浓的温情，是人文内涵极其丰富的佳作。它讲述的是一个夏天的夜晚，一只小蚂蚁摔进池塘，是朋友们帮助它回到了家。如何让学生感受到夏夜的景色美，助人为乐的精神更美呢？新课标指出："鼓励学生自主阅读""学生通过感受、理解、欣赏、评价语言文字及作品，获得较为丰富的审美体验，具有初步的感受美、发现美和运用语言文字表现美、创造美的能力；涵养高雅情趣，具备健康的审美意识和正确的审美观念"。本课执教老师采用个性化教学、充分运用多媒体教学手段，用大幅背景展示夏夜公园池塘美丽景色，让学生欣赏美丽画面，演示睡莲姑姑救蚂蚁，小蜻蜓、萤火虫送小蚂蚁回家的过程，通过动态的情境，诱发学生对现实情境的再造，帮助学生理解课文，激发学生的表现欲，以鼓励学生个性化的体验和表达方式，使课文教学成为赏心悦目的享受。

《夏夜多美》教学案例

一、创境激趣、巩固识字

（一）识"星星"

（多媒体课件出示五彩斑斓的星空图，呈现本课的生字和重点词语。通过摘星星的方式，在快乐有趣的情景中学习巩固生字词。）

师：今天我们继续学习《夏夜多美》这一课，请同学们齐读课题（学生齐读：夏夜多美）。是呀，夏夜多美！你瞧，满天的星星正对着我们眨眼呢！我们仔细瞧瞧，（教师按鼠标点击星星，每颗星星里出现一个生字宝宝）这些生字宝宝有谁认识？

指名读。

（二）摘"星星"

师：这么可爱的星星，想不想把它摘下来？

生齐答：想。

师：好。现在，我们就来摘"星星"，只要你们能正确地读出这些生字的读音。这颗星星就会被你们摘下来。看谁摘得多！

（三）送"星星"

师：同学们真了不起，摘下了这么多闪闪的星星。如果把这些星星送进课文，你们还会读吗？

生：会。

二、自由朗读课文，整体感知

师：那就请大家翻开书，自由地放声地读一读课文，想想这篇课文主要写了一件什么事？

学生自由放声读课文后，教师出示第一幅插图，让学生观看。

师：同学们看到了什么？觉得怎么样？按一定顺序给大家说说你们看到的美丽景色。

师：它们之间到底发生了什么样的故事呢？

生：小蚂蚁掉进池塘里。

师：还有谁补充？

生：小蚂蚁掉进池塘，睡莲把它救起，然后蜻蜓、萤火虫送它回家，我觉得它们都是助人为乐的孩子。

师：你太厉害了，还知道一个成语"助人为乐"，上面哪些伙伴助人为乐？

生：睡莲、蜻蜓、萤火虫。

（教师相机粘贴实物的图片——）

三、研读课文，感悟理解

（一）学习睡莲救蚂蚁这部分

师：晚上，都已经十一二点钟了，公园里静悄悄的，美丽的睡莲姑姑闭上眼睛刚要休息，突然——（课件出示课文第一幅图，并传来哭声）

师：这是谁在哭呀？

生：是小蚂蚁。

师：它为什么哭呀？

生：它不小心掉进池塘，上不了岸啦！

师：谁能带着感情读一读？

（一名学生边哭边说，学得挺像）

师：你学得太像了，是谁救了蚂蚁，它们有一段对话，打开书来，和同桌分角色练一练。

（学生在自由练读，课件打出睡莲、蚂蚁的对话）

师：你们读得太好了，老师要问你们一个问题，（课件出示：小蚂蚁连声说："谢谢您，睡莲姑姑。""连声"用红色标出）连声说应该是怎样说？

生：谢谢您，睡莲姑姑。

师：只说了一遍？

（学生点点头）

师：还有没有不同意见？

生：谢谢您，睡莲姑姑。

师：你也是只说了一遍。

生：谢谢您，睡莲姑姑。谢谢您，睡莲姑姑。谢谢您，睡莲姑姑。

师：注意这里是"你"还是"您"？

生：您。

师：说明小蚂蚁是个怎样的人？

生：小蚂蚁是个非常有礼貌的人。

师：同学们能不能把睡莲和蚂蚁演出来，这下要加上动作了，可以和同桌练一练，老师想找一个人和我演一演。

（学生和同桌合作练习，教师和一个孩子也在练习，教师扮演

睡莲）

（先看教师与学生的表演，戴上头饰，演完再叫一对伙伴上来演，戴上头饰）

睡莲：（打哈欠，伸懒腰，闭上眼睛准备睡觉）

小蚂蚁：呜呜……

睡莲：（睁开眼睛）小蚂蚁，你怎么了？

小蚂蚁：我掉进池塘，上不了岸了。

（教师提示：睡莲弯弯腰）

睡莲：快上来吧！

小蚂蚁：谢谢您，睡莲姑姑。

睡莲：今晚就在这儿住下吧，你瞧，夏夜多美呀！

小蚂蚁：（摇摇头）我得回家。要不，爸爸妈妈会着急的。

师：你们演得真像，很多同学还想演，下了课再演给我看，好吗？你们看睡莲多美呀，小蚂蚁睡在睡莲身上，微风吹来，像躺在摇篮里看美丽的星星，多舒服呀，我都很想在上面睡一睡，你们也想吗？

生：非常想。

师：可小蚂蚁却吵着要回家，为什么呀？

生：不回家，它爸爸妈妈会着急的。

师：我们是下午4：10放学，假如你们17：00还没到家，你们父母着不着急？

生：着急。

师：就在前几天，我们班的李苗，她妈妈因为有点事，晚了点接她，她就跟高年级的一个姐姐回家了，她妈妈跑来学校接她，我和她妈妈到处在校园里找她，没找到，我们都吓坏了，她妈妈都急得直哭。

79

都晚上十一二点了，小蚂蚁还没回家，它爸爸妈妈这个时候肯定也在到处找它，所以小蚂蚁说……？

生：我得回家。要不，爸爸妈妈会着急的。

（二）学习蜻蜓、萤火虫来帮忙这部分

师：小蚂蚁要回家，睡莲没办法送它，那后来这只可怜的小蚂蚁回到了家没有呢？又是在谁的帮助下回到家的呢？请大家默读课文的2至15自然段，圈出帮助小蚂蚁回家的动物的名字，并把它们说的话用"_____"画出来。

学生默读课文，边读边圈画。

师：你们找到了吗？

生1：后来小蚂蚁回家了。

生2：蜻蜓和萤火虫帮助它回到了家。

师：这可是一个精彩而又感人的过程，现在就请你们将课文的2至15自然段读读，边读边带上表情，做做动作，把你们喜欢的句子多读几遍，也可以读给前后左右的同学听。

学生自由练读，教师巡视指导，教师采用多种方式引导学生朗读课文，读出小动物们说话的语气，想象小动物们说话的神情，感悟睡莲和小动物们各尽所能、团结协作的精神美。通过绘声绘色的朗读，再现一方有难，八方支援的感人场面，使学生潜移默化地受到思想教育。

师：现在就请你们把喜欢的句子读给大家听。

生：我最喜欢第13自然段。（有感情地朗读第13自然段）

师：你读得真好，老师也被你感染了，我也想读这一段。你们愿意听吗？（学生齐说愿意）如果你们觉得我读得好的话，就给点掌声

第四章 阅读与鉴赏教学案例分析

表示。

（教师声情并茂地朗读。读完学生热烈鼓掌）

师：谢谢，我刚才读的时候，读着读着，脑海里浮现出了这样的一个画面：在一个漆黑的夜晚，一只美丽的小蜻蜓就像一架轻盈的小飞机，它驮着小蚂蚁飞呀飞。前面还有一只萤火虫在为它们带路，萤火虫的尾部发出荧光，就像点起了一盏亮晶晶的小灯笼，多么温馨感人的情景呀！现在就请你们边读读边想象。

学生自由读。教师指定一名学生读。

生：我喜欢第9自然段，我读给你们听。

师：他读得怎么样，评一评。

生1：他读出了睡莲姑姑的无奈。

生2：我听出了睡莲姑姑为不能帮小蚂蚁而苦恼、难受的心情。我也能读好这句话。

师：好，我们洗耳恭听。

学生朗读。

师：看来，读好书得先用心去体会，还有谁愿做有心人？

生：我很喜欢第6自然段。

师：读得真美。为什么蜻蜓不能单独送小蚂蚁回家呢？

生：因为天太黑了，看不到路。所以需要萤火虫来帮忙。

师：那你知道萤火虫为什么会发光吗？

生：因为萤火虫的尾巴上有发光器，所以会发光。

师：还有谁想补充？

生：我知道萤火虫在晚上才会发光，而且发光是为了寻找自己满意的对象，另一个原因是为了吓唬敌人。

师：那为什么要把蜻蜓比作"飞机"呢？

生：因为飞机会飞，蜻蜓也会飞。它们很像。

师：那你们还想把月亮比作什么呢？

生：小船、香蕉、镰刀……

师：你们真厉害，了解得这样多。是从哪里知道的？

生：我是从书上看到的。

师：看来你是个有心人，我希望大家也能像他一样多读课外书，了解更多的知识。

（三）学习送蚂蚁回家这部分

师：在它们的帮助下，小蚂蚁到家了吗？

生：到家了。

（课件打出13、14自然段：小蚂蚁爬上"飞机"……小蚂蚁到家了）

师：谁想读？

师：这段你觉得哪些词很美？

生：亮晶晶的、青青的、绿绿的。

（课件在上一幅图的基础上，把"亮晶晶"变成黄色，"青青的"变成青色，"绿绿的"变成绿色）

师：亮晶晶的小灯笼，亮晶晶的还有什么？

生1：亮晶晶的水晶。

生2：亮晶晶的眼睛。

生3：亮晶晶的宝石。

（让学生看字的颜色，分辨青色和绿色）

师：青青的假山，青青的还有什么？

生：青青的大海。

师：青青的大海还是蓝蓝的大海？

生：应该是蓝蓝的大海。

师：对了，大海应该是蓝蓝的。

生：青青的小河。

师：有这种颜色的小河吗？那这种小河是脏水，受污染了，要清清的小河，这样的水才是好水呀。

师：绿绿的草坪，绿绿的还有什么？

生1：绿绿的树叶。

生2：绿绿的苹果。

师：青青的苹果好，还是绿绿的苹果好？

生：青青的苹果好。

师：老师赞成青青的苹果。

生：绿绿的荷叶。

（课件出示：绿绿的草坪　青青的假山　亮晶晶的灯笼）

师：哪只"小蜻蜓"愿意带我们去看看小蚂蚁的家呢？（生读第14自然段）

师：同学们边听边想，小蜻蜓飞过哪些地方？你们觉得这些地方怎么样？

生：小蜻蜓飞过青青的假山，飞过绿绿的草坪，飞到一座花台前。我觉得这些地方很美。

师：你说得真好。有位热心的阿姨，想带你们去欣赏这美丽的夜景，请你们闭上眼睛，边听边想象看到了什么。

（学生听老师配乐朗读第14自然段后交流感想）

生1：我好像变成一只小蜻蜓，看到青青的假山，绿绿的草坪，花台上开着五颜六色的鲜花。

生2：我看到假山是黑的。山上有树、有花、山下有水。

生3：我看到像咱们学校足球场那样绿绿的草坪。

生4：我看到美丽的花坛，百花齐放，万紫千红。花儿还笑眯眯地迎接小蚂蚁回家呢！

师：让我们怀着愉快的心情再一次领略这美丽的夜景吧！

（生齐读第14自然段，配乐边读边想象）

（四）学习倒数第二自然段

师：小蚂蚁到家了，星星高兴地眨着眼睛。

（出示课件，小蚂蚁到家图，天上有很多美丽的星星，一闪一闪的，一颗大星星出现了，眨着眼高兴地笑了，最后出示句子：星星看见了，高兴地眨着眼。啊，多美的夏夜呀！学生齐读）

师：星星看见了什么，高兴地眨眼睛？

生1：蚂蚁回到家了。

生2：小蚂蚁到家了，它的爸爸妈妈肯定会很高兴，所以星星也跟着高兴。

生3：它看到它们都是助人为乐的人。

生4：因为小蚂蚁是它的朋友，看到朋友到家了，所以很高兴。

师：怎样做才是心灵美的孩子？

生：帮父母做事，帮老人拿东西，让座。

师：这篇童话中的伙伴心灵美吗，为什么？

生：心灵美，因为睡莲、蜻蜓、萤火虫都助人为乐。

师：那小蚂蚁是不是心灵美的孩子？

生：是。

师：为什么？

生：因为小蚂蚁想到了爸爸妈妈。

师：是呀，我们也应像小蚂蚁一样，做什么事都要想到父母。

生：还有小蚂蚁懂礼貌。

（五）分角色朗读全文，体验情感

师：同学们，我们都有自己喜欢的句子和角色。现在请你们前后左右凑在一起，分角色再读读这篇课文。

师生合作朗读全文，学生戴上头饰，教师读旁白。

四、总结全文

师：在大家的帮助下，小蚂蚁回到了家，萤火虫和蜻蜓也回家了，所有的小动物都在为这种助人为乐的精神而舞蹈。看到这些情景，你们想说什么？

生：夏夜多美啊！

师：让我们一齐来赞美："啊！夏夜多美啊！"

（再用高兴赞美的语气齐读课题，这既是对全文的总结，更是感情的升华！）

五、课堂小结、布置作业

师：是啊！夏夜多美啊！不仅景色美，小伙伴助人为乐的心灵更美。回家后把美丽的夏夜说给爸爸妈妈听，画给爸爸妈妈看，让我们和家人一起分享这份喜悦。

【评析】

一、创设教学情境，调动学生情感

教师通过导语的激趣引入，形象地感知课文，激发学生的好奇心和求知欲，教学伊始，就让课堂充满诗情画意，调动起学生的兴致，让学生在美丽的夜空用摘星星的办法，复习生字，用画面来诠释语言文字，让文中插图动起来，极富情趣，也增强了学生对生字词的识记效果，让学生带着对夏夜的美好感觉，进入课文《夏夜多美》所构筑的情感世界，使学生受到美的熏陶，为他们理解课文奠定了情感基础。

二、多种阅读结合，激发学生兴趣

以读为载体感悟文本，初读时是为了读通，要求学生读准字音，读通课文，整体感知课文，对内涵有大致的了解；再读时是为了读懂，带着问题有目的地读，了解故事发生的时间、地点、人物，初步感悟夏夜不仅景美，而且人物的心灵更美；细读时是为了读透，选择重点句子，重点片段，体会语言文字的优美，指导学生用不同语气来读，体会文中人物不同境遇及不同的情感，老师导得激情饱满，学生读得声情并茂，读得趣味盎然，学生自发地感受到阅读的乐趣。

通过朗读、理解、想象，在此基础上提升学生的情绪，感受夏夜的内在美。这样也体现了阅读的层次性，而且朗读的形式也是多种多样，有自读、齐读、引读、范读、配乐读、边读边演、分角色读，调动学生多种感官积极参与，激发学生读的兴趣，多样化的朗读，像一种调味剂，给课堂气氛带来了积极效果，更能调节学生的注意力和开拓学生的思维，课文编排以对话贯穿始终，非常适合分角色朗读，也是学生培养语言、语感的良好载体。在反复朗读的过程中，学生不仅读懂了课文，理解了内容，而且在与文本的反复对话中巩固了汉字。在整个教学过程中，教师以合作者、促进者的角色出现，不断地调动、激发学生的阅读兴趣。

三、课件助力教学，加深学生感悟

借助课件，真切感悟。对小蜻蜓、萤火虫送小蚂蚁回家过程的教学，播放课件。教师以音乐烘托，以画面渲染，配以表演，使学生沉醉在夏夜美的意境中，在引导学生感悟上，抓住重点段和重点词句来领会童话所表达的情感，引导学生从"喜欢谁"入手，重点指导送小蚂蚁回家的过程，为什么要小蜻蜓、萤火虫帮助，正是因为睡莲帮助小蚂蚁上了岸却不能行走，小蜻蜓主动协助是有会飞的本领，漆黑的夜晚，小蜻蜓光会飞，却看不见路，于是萤火虫挺身而出，利用自己能发光的特长帮助小蜻蜓带路导航，三个人物分工完成了救蚂蚁、送蚂蚁这一善举的全过程，这个团体团结协作，各尽所能，共同完成了一项救人、帮人的任务。

《语文课程标准》指出，语文的性质是工具性和人文性的统一。本课教材就蕴含着丰富的人文内涵。本篇童话的难点就是让学生感悟睡莲姑姑、小蜻蜓、萤火虫帮助小蚂蚁回家的协作精神和助人为乐的高贵品质。教师很好地解决了这一难点，挖掘了其中的人文底蕴，在与文本交流中，激其思、动其情、明其理。在与人物的对话中触摸到了人文关怀，使学生形成独特的、积极的、丰富的人生态度和情感体念。同时，在阅读中，学生沐浴着真、善、美。学生的感觉、感受和情感，加深了学生对语言文字的品味。

四、教师和蔼可亲，评价及时到位

评价及时到位是学生继续学习的助推器。教师的评价语言似暖暖春风，涓涓细流融入学生心田。当学生受到鼓舞时，他们会学得更好。当学生读得好，说得好时，老师总是说：你真棒，你说得真好，把掌声给他。当有学生回答不准确、受阻时，老师鼓励他再次尝试，学生备受激励，教师十分具有亲和力，构造了一个和谐快乐的课堂情境，学生也情满于怀，始终处于兴奋状态，顺利地达到了预期目的。

五、提倡开放实践，加强合作交流

语文课标倡导语文课要利用现实生活中的语文教育资源，构建课内外联系，跨学科学习的语文教育体系，拓展学生的学习空间，增加语文实践的机会。教师善于挖掘教材，补充相关的语文知识和科学知识，培养学生的科学意识和探究精神，并让学生意识到不仅能从课堂上学到知识，而且生活也是个大课堂。如萤火虫为什么会发光，让学生了解一些科普知识，对学生利用已有的经验来理解课文内容是很有帮助的，培养了学生热爱生活，善于在生活中发现、发明、创造的科学意识。再者，语文本身是个综合学科，结合对课文内容的理解，有针对性地引导学生了解一些科普知识本身正好体现了新课程综合性的特点。

自主合作学习生字，在学生已经认识了部分汉字的基础上，教师放手让学生自学，自主识字，互相介绍识记方法，既培养了学生的自学能力，又潜移默化地培养了学生的合作意识。

课文学完后，让学生仔细观察画面，用"啊，夏夜多美！"结束与"夏夜多美啊！"开头语呼应。学生对夏夜之美的认识得以升华，不仅感受到夏夜荷塘的美丽景色,而且体验到睡莲姑姑、小蜻蜓、萤火虫助人为乐的精神更美。

【案例 2】

《丑小鸭》是一篇童话故事,描绘的生活情景,刻画的人物形象与儿童的生活非常接近,特别适合体验性阅读。本教学案例正是抓住了课文的这一特点,把阅读过程变成体验过程,采取多种策略和方法引导学生在阅读中体验,并通过体验去理解,去体会,去感悟,从而把握课文的基本内容和表现形式。

《丑小鸭》教学案例

师:同学们,这节课老师和大家继续学习童话故事《丑小鸭》。上节课,我们已经学习了课文中的生字、词语,其中有 4 个词语,你们还会读吗?(出示词语)

生 1:又大又丑。

生 2:欺负。

生 3:悄悄。

生 4:美丽。

师:读得不错。下面请同学们自己小声读一遍课文,然后想一想,跟同桌说一说,课文主要讲了什么。

学生阅读讨论。

师:谁来说说课文写了什么?

生:丑小鸭生下来又大又丑,大家都欺负它,它受了好多苦,可后来它变成了一只美丽的天鹅。

师：你真是一个会读书又会表达的孩子。

师：那么，同学们一定很想知道这只丑小鸭到底长什么样吧！请你们在课文中先找到写丑小鸭样子的段落，把重要的词句勾画出来，并读一读。

学生勾画，读句子。

师：谁来读给大家听听？

一名学生朗读。

师：的确是一只丑小鸭呀，它长着——（学生接读）灰灰的毛，大大的嘴巴，瘦瘦的身子。

师：让我们把丑小鸭的样子深深地刻在心里吧！请把这些词句齐读一遍。

学生齐读。

师：其他小鸭子怎么对待丑小鸭的呀？

生：都欺侮它。

师：它们为什么要欺侮它呢？

生：因为它跟它们长得不一样。

师：其他小鸭长什么样？（看图）

学生思考片刻。

师：你们能依照写丑小鸭这句话来介绍其他小鸭子吗？

生1：其他小鸭子的毛黄黄的，嘴巴小小的，身子胖胖的。

生2：其他小鸭子的毛金黄金黄的，嘴巴扁扁的，身子胖乎乎的。

师：其他小鸭子真可爱呀！还能再换种说法来介绍它们的样子吗？

生：它们长着黄黄的毛，扁扁的嘴巴，胖胖的身子，真可爱。

师：看，同是小鸭子，我们却能用不同的语言来介绍，真好！

师：正因为丑小鸭又大又丑，与众不同，所以在它的成长过程中经历了许多许多的不幸。请同学们用自己喜欢的方式读课文的3至6自然段，看看它在什么地方，遇到了什么。读过之后填好表格。

（出示表格）

学生读书。

师：同学们，古人说，"不动笔墨不读书"，意思就是我们在读书的时候可以用笔勾画文中的重点词句，也可以在空白的地方写下自己的体会。现在，请你们拿起笔来，在阅读的时候，把那些能说明丑小鸭在什么地方，遇到什么事的词语勾画出来，为填表做好准备。

学生动笔勾画，批注，填表。

师：表填写好了，请跟你的同桌交流交流，然后做些补充修正。

学生交流，修正。

师：请同学们根据填写好的表格，说说丑小鸭在什么地方，遇到了什么。

生：丑小鸭在自己家里的时候，哥哥、姐姐咬它，公鸡啄它，连养鸭的小姑娘都讨厌它。

师：丑小鸭在家里也被欺负，实在可怜。

生：丑小鸭逃到树林里，小鸟讥笑它，猎狗追赶它，它白天只好躲起来，到了晚上才敢出来找吃的。

师：到了树林里还是被欺负，真倒霉。

生：它又逃到湖边，差点儿被冻僵了。

师：通过同学们的讲述，我们可以看出，在丑小鸭的成长过程中经历了许许多多的不幸。请同学再仔细阅读课文第 3 自然段,看看鸭哥哥、鸭姐姐、公鸡、养鸭的小姑娘是怎么欺负丑小鸭的。

学生阅读,思考。

师:把你们的想法和小伙伴说说吧!

学生同桌交流后汇报。

生:鸭哥哥、鸭姐姐咬丑小鸭的屁股、脚,还有头。

师:好疼啊!

生:大公鸡用自己尖尖的嘴巴去啄丑小鸭的脚。

师:真可怜呀!

生:养鸭的小姑娘不给它东西吃,还对它说:"你走开吧,讨厌鬼。"

师:假如你就是这只丑小鸭,此时此刻心里会想些什么?

生1:你们为什么要欺负我啊?

生2:我会觉得好孤单,没有朋友和我玩。

生3:我好伤心,好难过啊!

师:同学们,这样一种孤单、委屈、伤心、难过的心情,你们能通过朗读表达出来吗?自己先读一读吧。

学生自由朗读。

师:谁来读给大家听听?

一名学生读,读得比较平淡。

师:生活中,你们有过受委屈的时候吗?说出来大家听听。

生:有一天放学回家,我在路上跟同学讲解数学练习题,回家晚了一点点,爸爸不听我解释,就狠狠骂了我一顿。我好委屈啊。

师:好,现在你就是这只委屈的丑小鸭,请你读这一段,读出自己的委屈来。(大屏幕:把所有的"丑小鸭"和"它"都换成了"我")

学生声情并茂地朗读。

师:同学们,读书要把自己置身于课文描绘的情境之中,有时还要把自己置于主人公的地位,这样朗读,自己才会有真切的感受,也才会感染别人。现在,我们来比比,看谁能读出自己的感受,读得更感人。

各组分别齐读。

师:你们读得真投入啊!

师:面对那么多人的欺负,假如你是丑小鸭该怎么办?

生1:跟欺负我的人斗。

生2:我就一个,人怎么斗得过那么多人啊?

生3:还是躲开吧。

师:对,躲开!躲开不一定就是胆小,当没有能力抗争的时候,躲开是一种策略。躲开也是一种勇敢和坚强,因为躲开可以保护自己,躲开能让自己活着,活着就有希望。

师:孤单的丑小鸭逃离家园来到树林里,可是它的生活并没有好转,反而更糟糕了。请同学们默读第4自然段,想想,面对小鸟的讥笑和猎狗的追赶,丑小鸭会是怎样的心情啊。

学生阅读后汇报。

生1:丑小鸭感到很孤独。

生2:丑小鸭心里好害怕。

师:由于孤独和害怕,丑小鸭晚上才敢出来找吃的,这时,还可能遇到什么事?

生:猫头鹰跑出来吓它。

师:哎哟,好可怕啊!

生：蛇出来咬它。

师：受伤了，好痛呀！

生：青蛙跳起来踩它。

师：青蛙比丑小鸭小，也竟敢这样放肆！

师：这样的日子多可怕呀！同学们，请设想丑小鸭当时的心情，自己朗读第4自然段。

学生自由朗读。

师：丑小鸭就这样挨过了一个又一个苦难的日子。慢慢地，秋天到了，树叶黄了，丑小鸭来到湖边的芦苇里悄悄地过日子。一天傍晚，一群天鹅从空中飞过。如果你是丑小鸭，当你望见一群洁白美丽的天鹅从空中轻盈地飞过时，会想些什么？先读第5自然段，然后给大家说说。

生1：从来没见过这么美的鸟，我好惊奇。

生2：天鹅真美啊！我好羡慕呀！多想有一天我也会变得跟它们一样美。

师：丑小鸭看见美丽的天鹅，由惊奇而羡慕，表明它心中有着美好的希望。

师：日子还在继续，寒冷的冬天到了，猛烈的北风呼呼地吹，无家可归的丑小鸭该怎么办呀？请你用自己喜欢的方式读课文的第6自然段。

学生自由读。

师：面对寒冷，丑小鸭是怎么做的？

生：丑小鸭被冻僵了，趴在冰上。

师：同学们想想，当我们很冷很冷的时候会怎么做？（学生双手抱着身子发抖）双手抱住身子缩成一团，这叫蜷缩。蜷缩成一团，是人体一种防卫性反应，也是人们用来保护自己不被冻坏的一种方式，因为这样可以减少身体热量的散发，可是，鸭子的身子不能蜷缩，只好趴在冰上。大家议一议，丑小鸭为什么要趴在冰上？

生1：它想保存身体的热量。

生2：它实在太累了，想好好休息一会儿。

生3：它想用这种方式来保护自己，因为它不愿被冻死，它想活下去。

生4：它想活下来，等到有一天成为天鹅。

师：在受尽种种折磨后，丑小鸭仍然想尽办法坚强地活着，还希望成为美丽的天鹅。这个时候，你想对它说些什么？

生1：丑小鸭，你趴着保护自己，你真聪明。

生2：丑小鸭，受尽折磨，你从不放弃生的希望，你好坚强。

生3：丑小鸭，你为实现自己的愿望坚强地活着，你真是好样的。

生4：丑小鸭，我要向你学习。

师：同学们，请带着你对丑小鸭的赞赏诵读第6自然段吧。

师：种种不幸的遭遇，不仅造就了丑小鸭的勇敢，磨炼出了丑小鸭坚强的意志，还让它练就了一双强有力的翅膀，当春暖花开的时候，我们的丑小鸭变成了美丽的白天鹅。

师：请大家读课文余下的段落，然后描述一下白天鹅的样子。

学生读课文。

生1：天鹅的毛雪白雪白的，脖子长长的，嘴巴红红的。

生2：美丽的天鹅正在欣赏自己的倒影呢。

师：此刻，美丽的白天鹅会想些什么呢？

生1：我从不放弃希望，终于变成了美丽的天鹅。

生2：我坚强地活着，终于迎来了好日子。

生3：我现在变漂亮了。

师：丑小鸭受欺负时，心里很难受，它还能去欺负人吗？

师：刚刚看见自己的影子时，丑小鸭是怎么想的？

生：先是有些不相信，后来恍然大悟。

大屏幕出示这两句话：

这难道是自己的影子？啊，原来我不是丑小鸭，是一只漂亮的天鹅呀！

师：同学们，我们读书要注意细节，即使是一个标点也不能放过，要读出标点符号蕴含的意思。"？"蕴含着什么？"！"又蕴含着什么？你们对这两句话有什么样的体会呢？请你们在读的时候把体会表达出来。

学生自由朗读。

女生读，男生再读。

师：同学们朗读的时候，我看出大家的脸上洋溢着喜悦、兴奋、激动和幸福。这正是丑小鸭变成白天鹅时的心情。不过丑小鸭的幸福可来得不容易啊。此时，你们一定有好多体会和想法，能说出来与大家分享一下吗？

生1：我们可能会像丑小鸭一样遇到许多的不幸，但我们要像丑小鸭一样坚强，不放弃希望，我相信，终有一天我们也会成为美丽的白天鹅。

生2：对那些有缺陷的人，我们不能歧视他们，应该多给他们一些关爱。

师：很好。今天我们一起愉快而有效地学习了《丑小鸭》这篇课文，只要同学们对生活满怀希望，一定会有一个美好的人生。

【评析】

一、实践体验式阅读，走入人物内心，理解作品意义

体验就是体味、感受，"自己通过实践去认识某一事物"。文学作品是现实生活的反映，读者阅读文学作品，就是借助文字提供的信息在头脑中再现生活情境，设身处地经历作品描绘的生活情境，这就是体验。体验需要身临其境，与作品中的人物交朋友，甚至成为作品中的一个角色，与之同甘共苦，想人物之所想，急人物之所急，喜怒哀乐，悲欢离合，心心相印，情感交融。体验是读者和文本、读者和作者、读者和作品主人公之间的桥梁，借助它读者能顺利地理解作品的意义，体会作者的感情，走进人物的内心，感悟语言的精妙，极大地提高阅读效率。

《语文课程标准》指出："语文课程丰富的人文内涵对学生精神领域的影响是深广的，学生对语文材料的反应又往往是多元的。"因此，"应尊重学生在学习过程中的独特体验""阅读是学生的个性化行为，不应以教师的分析来代替学生的阅读实践"。对同一事物，不同学生的体验总是千差万别的，因此，重视体验使个性化得以成为现实。而个性化阅读不仅有利于增强学生的自主意识和创新精神，而且对全面、深刻地理解课文大有益处。

此案例中教师用多种方式引导学生体验。一种是让学生成为作品的主人公："假如你是丑小鸭，你会怎么想，怎么做，怎么说"；一种是让学生成为主人公的同类，与之对话："你想对它说些什么"；一种是

回忆自己与主人公相似的经验："你在受委屈的时候是怎么做的"。让学生设想成为故事中的角色，或联系自己的生活经历，走进丑小鸭的内心，从而理解作品的意义。当丑小鸭在家里受欺负时，教师让学生从主人公的角度想该怎么办，学生提出了多种设想。这些设想为后面理解文章中心思想奠定了良好的基础。当丑小鸭变成天鹅后，教师又引导学生跟主人公对话，不仅进一步凸显了主题，还让学生受到了积极的人文教育。

二、体验与阅读目标有机结合

教师引导学生把体验和想要实现的阅读目标有机地结合起来，充分地发挥了体验的作用。

体验与朗读相结合。当丑小鸭在家里受欺负时，让学生体验丑小鸭当时的心情，然后读课文。学生未读到位，又让他们回忆自己受委屈时的情形。两次体验使学生感同身受，朗读自然声情并茂。

体验与理解作品主题相结合。当丑小鸭受不了家里人的欺负时，让学生设想它会怎么办，学生对丑小鸭的坚强有了初步的感知。当丑小鸭冻得趴在冰上时，又让学生跟它对话，进一步加深了对人物性格的理解。

体验与感悟语言相结合。对课文中的"趴"字，先让学生回忆自己受冻时的反应，然后挖掘其在文中的深刻含义，给理解课文的意义做铺垫。

三、体验式阅读体现了学生自主合作探究的学习方式

本课的教学把引导学生体验作为主要手段，让其贯穿全过程，并在不同的环节以不同的形式出现，学生在自主阅读，合作交流中对作品形象、主题的理解，对语言的感悟逐步加深，使其促进内化的功能发挥到

极致，收到了良好的效果。

教学实践表明，体验是童话教学的一种重要的学习方式。

寓言教学

寓言教学是小学语文阅读教学中以寓言故事为体裁的教学内容。寓言是一种讽喻或寄托的故事，是一种形象与寓意相结合的文学体裁。优秀的寓言故事里有着丰厚的容量，蕴含着深刻的人生哲理，需要学生们去推想、领悟言外之意，品评人生滋味。寓言能对学生们的思想情操、道德人格产生难以估量的作用，寓言也是儿童一种独特的、不可或缺的精神营养，因为它可以说明一个道理或给人一个教训。小学语文课本中有大量的寓言故事，探索寓言教学的策略，做好教学设计，是语文阅读教学的重要内容。

【案例1】

寓言《守株待兔》写古时候一个种田人偶然捡到一只撞死在树桩上的野兔，从此他丢下锄头，整天坐在树桩旁等，结果再也没有捡到野兔，地也荒了，庄稼全完了。这则寓言讽刺了那些不主动努力，希望得到意外收获的人。

《守株待兔》教学案例

一、话题导入

师：你们喜欢读寓言吗？

生：喜欢。

师：最喜欢读什么寓言？

生1：我喜欢读《伊索寓言》。

生2：我喜欢读《拉封丹寓言》。

师：喜欢读寓言，那寓言故事有什么特点呢？

生：寓言故事生动、有趣，很简短，而且能告诉人们道理。

师：是啊，每读完一个生动、有趣的寓言故事，就会懂得一个道理，读的故事越多，懂得的道理也就越多。今天，老师要和大家一起读一个寓言故事，是什么故事呢？

多媒体出示课题，齐读。用手书空指导写好"株"字。

师：读了课题，你们想提出什么问题？

生1："守株待兔"是什么意思？

生2：这则寓言告诉我们一个什么道理？

生3："株"是什么意思？

师：同学们要想弄明白这些问题，就要认真读课文，请大家打开书，自由读课文，把课文读正确、读流利，认识课文中的生字。

二、初读课文

（学生自由读课文）

（多媒体出示生字，检查学生对生字的学习掌握情况）

指名读课文的第一自然段，师生共同评议。

生：最后一句话是说那只兔子不知怎的，一头撞到树桩上，死了。我觉得有同学没有读出惊奇的意思。我给大家读一读。

师演示兔子蹿出来，引导学生体会"蹿"的意思，朗读第一句话。

师：读完了这段话，你们知道了什么？

生：一个种田人正在田里干活，忽然看见一只兔子撞死在树桩上。

师：后来又发生了什么事呢？（指名读课文第二自然段，师生共同评议）

生1：我觉得最后一句话没有读出那个种田人特别希望自己每天都能捡到野兔的意思。

生2：我觉得他还没读出那个种田人非常高兴的心情。

生3：我觉得这位同学读得非常好，读出了种田人捡到那只野兔非常容易的感觉。

（再次练习读好第二自然段）

师：想一想，这一段主要告诉了我们什么？

生：这段话主要说那个种田人捡到野兔，非常希望自己每天都能捡到一只。

师：种田人有没有再捡到野兔呢？请一名同学读课文的最后一段。

生1：第一句话应该读出那个人整天坐在树桩下期待的心情，应该这样读。

（学生读第一句话）

生2：第二句话是说过了很长时间，读的时候应该慢一些。

（练习读第三自然段，想一想这段话主要讲了什么。）

生：这段话主要讲种田人整天坐在树桩下等野兔，可再也没有野兔来过，他的庄稼全完了。

师：把每个部分的意思连起来，就是课文的主要内容。谁能说说

这篇课文主要讲了什么？（学生练习说主要内容，教师相机指导）

（在读书的时候，注重学生的个性化，充分表达自己的独特感受）

师（播放伴音）：是啊，日子就在这漫长的等待中一天天过去，那个种田人就这样坐在树桩前等啊，盼啊，你说，他在想什么呢？

生1：我猜他在想，兔子也许很快就要来了。

生2：我猜他在想，为什么我第一次那么容易就捡到了一只兔子，以后却再也没来过呢？

生3：他在想，我很快就能有很多很多兔子了。我要用它换好多好多东西。

生4：他在想，他的兔子堆得像一座小山。

师：是啊，可兔子没有来，他的田里却长满了野草，眼看着庄稼颗粒无收，邻居们都为他着急，纷纷赶来劝说他，可谁也没法说服他。听说我们班的同学能言善辩，想请我们帮忙劝劝他，你们想不想帮这个忙呢？该怎样劝他呢？我们暂且称他为李叔叔吧。

（小组内扮演不同的角色，进行练习）

指名为大家表演。

生1：李叔叔，一寸光阴一寸金，寸金难买寸光阴，你就别在这儿干等着了。那只兔子撞死在树桩上只是一件偶然的事，你怎么能天天在这儿等着呢？不会再有兔子来撞死了。你看，你的田里已经长满了野草，你再不收拾，可就来不及了。

生2：啊，你说得对，我不该在这里等着兔子来撞死。我要去种田了。

师：老师想做一次种田人，谁愿意来试试，劝我离开那个树桩，去种田呢？

生：李叔叔，你别在这里等了，不会再有兔子来了，兔子撞死只是一件偶然的事。

师：我明明是捡到了一只兔子嘛，我想肯定还会有兔子来的。不行，我得在这里等。

生：那你一边种田，一边等不行吗？

师：那多累呀，我才不会那么做呢。

生：可是，不会再有兔子来了，你会饿死的。

师：你说得也有道理，可我就是想捡兔子。

生：你不劳动，怎么会有收获呢？

师：是啊，不劳动，怎么会有收获呢？这个种田人想的是什么？

生：不劳而获。

师：你们读了这个故事，一定想给这个种田人一个忠告。你们想告诉他什么呢？

生1：光阴似箭，日月如梭，珍惜时间吧，别在那里耽误自己的大好时光了。

生2：兔子撞死只是一次偶然的事件，不等于必然，没有不劳而获的事。

生3：别做不劳而获的美梦了，"一分耕耘，一分收获，要收获得好，必须耕耘得好"。你赶快去种田吧。

师：在生活中有没有《守株待兔》故事中的人呢？

生1：有，比如，好吃懒做的人。

生2：有些同学不愿意学习，却总想取得好成绩。

生3：有的人不愿意劳动，却幻想着自己忽然有一天能有很多钱，发一笔意外之财。

师：今天我们读了这个故事，明白了其中的道理，我们当然不能做守株待兔的人了。从小有了远大的理想，就一定要努力去奋斗。

师：读完了课文，你们解决了自己提出来的问题了吗？

生1：我知道了，守株待兔的"株"是树桩的意思。

生2：我知道了守株待兔的意思就是守在树桩旁边等兔子。

师：那这个故事告诉了我们什么道理呢？

生3：告诉我们不要把偶然当作必然，不要有不劳而获的想法。

作业"自助餐"：

①寓言故事，幽默风趣，富有哲理，阅读寓言，能够启迪智慧，开阔视野。课外阅读自己喜欢的寓言故事，讲给同学听。

②想一想那个种田的人后来怎么样了，续写《守株待兔》的故事。

【评析】

一、创设情境，激发学生的学习兴趣

"兴趣是最好的老师。"《语文课程标准》在各学段的阅读要求中，都特别强调应激发学生的阅读兴趣。在这一课的教学中，随着学习任务的展开，教师创设了不同的教学情境，以激发学生的阅读兴趣。首先，创设体验情境，联系学生已有的阅读体验，让学生说一说自己读过的寓言故事，并了解读寓言的好处，学生的兴趣马上就被调动起来了。其次，创设问题情境，激发学生探究问题、解决问题的兴趣和热情，在问题情境中启发学生思考，理解寓意。最后，设计表演情境，营造和谐融洽的教学氛围。在教学中，教师以赞扬来鼓励学生，和学生平等交流，扮演

寓言中的种田人与学生演绎故事，与学生融为一体，使学生自始至终有一种非常愉快的感觉。

二、加强语文实践，注重自主学习能力的培养

"语文是一门实践性很强的学科，应着重培养学生的实践能力。"实践性是语文的基本特征，"引导学生在多样的日常生活场景和社会实践活动中学习语言文字运用"。《守株待兔》的教学体现了语文的实践性这一特点。教师在组织学生研读文本时，没有支离破碎的分析，没有喋喋不休的串讲，更没有"独具匠心"的指导，有的只是送给孩子的肯定，献给孩子的笑脸。在整个教学过程中，教师都在不断地唤起学生强烈的读书愿望，让学生亲自参与阅读实践，引导他们在读中质疑，在读中释疑，在读中体验。让所有的学生在主动积极的思维和情感活动中，加深对文本的理解和体验，对文本有所感悟和思考，从而使他们受到情感熏陶，获得思想启迪，享受到审美乐趣。"有一千个读者，就有一千个哈姆雷特。"从学生的个性化发言中，也可以证实这一点。如：在学生朗读时，可以自由地表达自己对课文的理解与体验，倾听别人的发言，发表自己的看法。如学生在朗读评价中表达的个人认识："我觉得最后一句话没有读出那个种田人特别希望自己每天都能捡到野兔的意思""我觉得这位同学读得非常好，读出了种田人捡到那只野兔非常容易的感觉"等。学生通过探究得到的体验、感受是多元的、鲜活的，是有生命力的。

三、阅读教学与表达交流相结合

教学是学生学习语言、积累语言和拓展运用语言的鲜活源泉，我们应重视在阅读教学中培养和提高学生的表达交流能力，以读促说，以读

促写。新型的课堂教学应该是激活学生思维,让他们发问,让他们争论,让他们自由表达,营造师生互动,生生互动的交流气氛。如:读完了寓言后,让学生去劝一劝那位种田人。这一活动,让学生理解了寓言的寓意,培养了语言表达和交际的能力。在这个过程中,学生要注意选择一种易于被种田人接受的说话方式,同时要讲清道理,一举两得。教师与学生互动,扮演不同的角色,在具体的情境中,学生在愉快的笑声中理解了寓意。表达交流的教学与课堂教学目标水乳交融,除了激发学生口头表达的欲望,还要指导学生注意认真倾听,敢于质疑,敢于发表不同意见,敢于表达不同观点。语文课堂应该成为一个交际场,学生在这里体验到的是一种愉快的交流。

四、关注学生的个体差异,促进学生个性发展

新课程的一个重要理念是关注学生的发展。在阅读教学中,要尊重学生的情感和体验,满足学生的不同需求。如学完了课文,为学生安排了实践性的、难易不同的作业,学生可以根据自己的需要自主选择,或课外拓展阅读寓言故事,讲给大家听;或续写《守株待兔》的故事,将阅读与表达结合,满足学生的个性化需求。

总之,在教学过程中,要充分体现语文的实践性,充分尊重学生的感受、体验和理解,创设情境,表达交流与读写实践贯穿始终,使整个教学过程体现自主、合作、探究的学习方式。

【案例2】

《陶罐和铁罐》教学案例

一、揭示课题

教师出示陶罐图片,问它是用什么做成的。

生:用泥土烧制而成。

师:你们家里有吗?

生:家里的碗。

师:用泥土烧成的所以易破。

教师出示铁罐的图片,问这是什么?

生:铁罐。

师:看到它你想说什么?

生:铁不容易破,坚硬。

师:老师告诉大家在很早很早以前,铁比较贵重,它们两个走在一起又会发生怎样的事呢?

二、初读课文

师:它们之间发生了什么故事?请同学们自由读课文,生字多注意旁边的注音,边读边想想课文讲了陶罐和铁罐的什么事。

检查生字词:

奚落　　傲慢　　轻蔑　　愤怒

谦虚　　争辩　　懦弱　　羞耻

三、学习1~9自然段

师：自由读1~9自然段，你们看到了一个怎样的陶罐和一个怎样的铁罐？

生1：是一个谦虚的陶罐。

生2：是一个骄傲的铁罐。

（师板书：谦虚　骄傲）

师：你从哪些地方感受到铁罐的变化？

出示句子："你敢碰我吗？陶罐子！"

师：这句话有什么特别？

生：铁罐子对陶罐很凶。

师：铁罐叫陶罐什么？

生：陶罐子。

师：直接称呼"陶罐子"，可陶罐怎么称呼铁罐？

生：铁罐兄弟。

师：铁罐称呼陶罐为"陶罐子"，而陶罐却称铁罐为"铁罐兄弟"，铁罐更轻蔑了。

出示句子："我就知道你不敢，懦弱的东西！"

生：明知陶罐不敢碰，却还说你敢碰我吗？

师：那铁罐是什么目的？

生：想把陶罐碰碎。

师：刚才铁罐是怎么问的？

生："你敢碰我吗？陶罐子！"

师：再看看这个。

生："我就知道你不敢，懦弱的东西！"

师：为了嘲笑它，抓住对方的弱点，嘲笑别人这就是——？

让学生去文中第一自然段中找词：奚落。

师：听了铁罐的话，陶罐是怎么说的？

生回答师，出示句子："我确实不敢碰你，但并不是懦弱。我们生来就是盛东西的，并不是来互相碰撞的。说到盛东西，我不见得比你差。再说……"

师：陶罐说得有理吗？

区别多音字"盛"。

师：让我们有理有据地再来读一遍。

师：也就是说它们该比的是盛东西，不是碰撞，但陶罐的据理力争却把铁罐惹恼了。

出示句子："住嘴！你怎么敢和我相提并论！你等着吧，要不了几天，你就会破成碎片，我却永远在这里，什么也不怕。"

师：读这句子，你看到铁罐……

一生接："更恼怒"，并用恼怒的语气读句子。

师：面对铁罐的恼怒，陶罐是怎么表现的？

出示句子："何必这样说呢？我们还是和睦相处吧，有什么可吵的呢！"

师：什么是和睦相处？

生：互相帮助，好好过日子。

师：这些话对铁罐来说是什么？

生：羞耻。

师：说完整，为什么羞耻？

生：和陶罐在一起觉得羞耻。

出示句子："和你在一起，我感到羞耻，你算什么东西！走着瞧吧，总有一天，我要把你碰成碎片！"

生读句子。

师：铁罐它想什么？

生：破碎。

师：在铁罐眼里，陶罐不是个东西，而面对铁罐的骄傲，陶罐却一再很谦虚。

四、感情朗读

师：自由练读刚才学习的句子，加上动作。

指名读，分角色。

五、练读：拍电视剧

学生互演电视剧。

指名上台演，可以用自己的话演。

师：你们演完电视剧了吗？

生：没有。

师：下面还有第2集，等着你们去演。

（教师积极创设情境，进一步让学生练读，使学生把课文的内容、语言化为自己的理解、感悟化为自己的思维和心理，使课文中陶罐和铁罐的形象在心中不断扩大、丰满、立体化）。

六、练习

师：从刚才的对话中，我们看了铁罐的——生接：骄傲，陶罐的——生接：谦虚。这时你想对铁罐和陶罐说些什么吗？

夸一夸：

劝一劝：

七、作业

①抄写描写陶罐和铁罐神态的词。

②收集有关谦虚的名言。

【评析】

一、教学设计符合学习生活化的理念

《语文课程标准》强调："语文学习情境源于生活中语言文字运用的真实需求，服务于解决现实生活的真实问题。创设情境，应建立语文学习、社会生活和学生经验之间的关联，符合学生认知水平。"本课教学从学生的学习实际出发，从学生依赖的实物环境和经验直觉出发，按照"引发需要—激趣朗读—表演感悟"的学习程序与组织展开，进行生活化、游戏化的有效学习，让学生身临其境，身心得到洗礼。

二、重视学生语言的积累与运用

新课程理念和课程总目标中多次提出丰富学生语言的积累和运用。张志公先生说："无论阅读还是作文，首要的是字词。"说明了字词在

语文教学中举足轻重的地位。教师将学生对课文内容的理解与学习词语结合在一起，如："盛"在文中怎么读，"奚落""和睦相处"是什么意思，引导学生联系上下文和生活实际对"奚落""和睦相处"等词有了多角度、生活化的认识。接着再引导学生品读，情由文生，学生在朗读中深刻理解了词语的意思，彻底领悟了词语的感情色彩，达到了真正理解词语的目的。教师在学生读懂课文之后，要求学生把自己的感悟用简短的句子表达出来，"创作"出自己的格言或警句。鼓励学生独立思考，写出立意或语言独特的句子，以表达自己对课文个性化的感悟。这样既提高了他们的口语表达能力，又培养了学生的想象能力，还使他们得到了人文的熏陶。布置在课外抄写描写陶罐和铁罐神态的词，培养了学生注意积累和善于积累的习惯，做到了把语言的积累和运用结合起来。

三、朗读贯穿在整个阅读过程中

朗读是一种重要的阅读方法，"读"应该是阅读教学永恒的主题，"以读为本"是阅读教学的基本理论。本节课的教师在教学过程中引导学生充分地读，尤其是对重点段落、重点句子反复地读，多种形式地读，引导学生在朗读中理解，在朗读中感悟，在朗读中体会情感，在朗读中积累语言，在朗读中领会文章的思想内涵——我们要谦虚，不要骄傲；要多看别人的长处，正确对待自己的不足；骄傲的人下场可悲。做到了"读读悟悟"，做到了"以读为本"。教师将学生朗读课文贯穿于整个教学过程，把学习积累语言、拓展思维训练穿插在朗读之中，处处有朗读，处处有延伸。学生在朗读中感悟铁罐的傲慢，陶罐的谦虚，油然而生对陶罐的同情、赞美，朗读也达到了声情并茂的境界，在朗读中感受到阅读的乐趣，一次比一次读得有味，一次比一次读得精彩。让学生在读、思、悟的过程中积累了语言,培养了语感,训练了表达。

四、教师评价激励学生

教师还运用精湛的语言赞扬学生的学习表现,恰到好处的评价、激励的话语融入学生的身心,激发了学生的学习兴趣,使学生获得了学习的成就感,树立了学习的信心。

总之,这节课的每个环节都是环环相扣、水乳交融的。"真读书""学语言""重情趣"的教学思想贯穿课堂始终。

故事

小学语文课本中,有相当一部分篇幅的课文,属于记事性的文章。学生通过阅读故事,能够复述叙事性作品的大意,初步感受作品中生动的形象和优美的语言,关心作品中人物的命运和喜怒哀乐,并能与他人交流自己的阅读感受。

【案例1】

中华神话故事是我国独特的文化遗产,每个故事都蕴含着丰富的智慧、深刻的哲理和价值观念,是我们文化的珍宝。《盘古开天地》用生动准确的语言塑造了盘古雄伟、高大的形象,赞美了他为开天辟地而勇于献身的精神。

《盘古开天地》教学案例

片段一:

师：今天我们学的这个故事既然是一个神话，那么它究竟"神"在哪里呢？请同学们读读课文，说一说你们觉得最神奇的地方。

生1：盘古一直睡了十万八千年。

生2：盘古抡起大斧头，朝黑暗猛劈就有了天和地……

师：是呀，原来天和地是被盘古一斧头给劈开的，真够神奇。（板书：劈）

生3：天地分开后，盘古又头顶天，脚蹬地，盘古随着天地每天长高，使天和地逐渐成形。

师：天和地的定型也真不容易呀，（板书：顶）还有吗？

生4：盘古呼出的气息，变成了四季的风和飘动的云，发出的声音，化作……

师：盘古用他的整个身躯创造了这个美丽的世界，多么的神奇呀！（师边说边完善板书）

片段二：

师：想感受一下盘古开天辟地的神奇吗？请大家闭上眼睛，准备好了吗？我们回到很久很久以前，天和地还没有分开，宇宙混沌一片，有个叫盘古的巨人，在沉睡了一万八千年后，有一天，他忽然醒了，他见周围一片漆黑，就抡起大斧头，朝眼前的黑暗猛劈过去，（师略作停顿）你们仿佛看到了什么？听到了什么？

生1：我听到了一声巨响。

生2：我听到了像玻璃一样破碎的声音。

生3：我仿佛看到盘古大吼一声，抡起斧头，猛劈过去，一线光芒照进黑暗之中。

师：真神奇呀！找找看，课文哪里写了盘古劈开天地的情形？

师：你们能选择其中一句，把你们感受到的劈开天地的神奇读出来吗？

生读：他见周围一片漆黑，就抡起大斧头，朝眼前的黑暗猛劈过去。（读得较平淡）

师：盘古可是一位巨人呀！他就抡起大斧头，猛劈过去，你再试一试。

生再读：他见……

师：不错，他很有巨人的气势，大家当一回盘古试一试。（师提出可以做动作）（生一起边做动作边读）

师：谁接着读？

生：只听一声巨响，混沌一片的东西渐渐分开了，轻而清的东西，缓缓上升，变成了天，重而浊的东西，慢慢下降变成了地。（读得很好）

师：你为什么这样读？

生1：因为句子中说"渐渐"分开了，所以我这样慢读。

师：有道理，还有补充的吗？

生2：句子里还有"缓缓、慢慢"都说明天地分开得慢。

师：好，从这些表示"慢"的词中可见天地分开是多么不容易呀！听了大家的建议，我们能不能读得更好些呢？

（生齐读）

师：天和地好不容易被分开，可盘古又怕它会合拢，他只好头顶着天，脚使劲蹬着地。想不想再当一回盘古呀？那么大家都试试，怎么顶的。现在我们是盘古了，要把天地分开。

（生模仿盘古做动作）

师：好重呀！用劲！顶开天，蹬开地，加油！你们感受到了什么？

生1：我的头上很重，我的脖子都直了。

生2：我的脚也僵了。

师：好，天又升高了，地又下沉了。

（学生们更用力地伸长了手臂）

师读：这样不知过了多少年，天和地逐渐成形了，盘古也累得倒下去。

（生一个个都倒在了座位上）

师：累吗？

生齐声说：累，手都酸了。

师：你们从中感受到了什么？

生1：天和地分开不容易。

生2：这个过程是多么漫长呀！

师：你们真会体会，你们能读出这种漫长的感觉吗？

生：天每天升高一丈……累得倒下去。

片段三：

（师生对读）

师：他呼出的气息……

生1：变成了四季的风……

师：他发出的声音……

生2：化作了……

师：……

生3：……

师提示说：他的头发呢？

生：变成了满天繁星。

师：他的牙齿呢？

生：变成了一块块巨石。

师：谁接着说：他的……变成了……

生：他的血管变成了一条条弯弯曲曲的小路。

（学生鼓掌，一个个跃跃欲试）

生1：他的灵魂变成了空气。

生2：他的心脏变成一颗颗宝石。

生3：……

师：盘古就"这样"奉献出了他的一切，我们应对盘古说点什么呢？

生1：盘古，我们感谢你！

生2：盘古，是你让我们生活在这光明、美丽的世界里，我们谢谢你！

生3：我要爱护这个世界，不让它遭到破坏。

（师带头鼓掌）

师：我们就怀着这种感激之情，一齐读这段，读前我们改一个字，这段中的"他"我们改成"你"，就像你正面对盘古表达你的感谢一样。

生齐读：你呼出的气息……

（师充满激情接着）读：人类的老祖宗盘古啊！你用你整个身体创造了美丽的宇宙。

（师再停顿后缓缓地）说：我想把手放在花草树木上，这样就能摸摸你的汗毛，我想到江河边，这样就能看看你奔腾的血液。你们想吗？想怎样做？

生1：我想到北极、南极去，这样就能摸到你宽大的脚掌，给你挠痒痒。

（生哄笑并鼓掌）

师：你真幽默，还有谁想？

生2：我想长出美丽的翅膀，这样就能感受到你呼出的气息。

生3：我想今天就下雨打雷，这样就能听见你巨大的声音。

生4：我想坐宇宙飞船飞上太空，这样就能看到你巨大的身躯。

【评析】

一、创设问题情境，训练思维能力

"问题情境"的创设，不仅可以激发学生学习的兴趣，充分调动学生学习的主动性、积极性，还可以激发他们的思维活动，训练他们的思维能力。片段一设计了一个统领全篇的问题"这个神话'神'在哪里，让同学们理解神话的神奇无处不在，通过概括全文，弄清文章的脉络，让学生整体把握住全文的内容，并感悟出全文的感情基调。片段二提出当盘古向黑暗劈去时"你们仿佛看到了什么？听到了什么？"片段三提出"盘古奉献出了他的一切，我们应对盘古说点什么呢？"激发了学生的想象力，完成了神话故事教学中的一个目标。

二、表演故事，感悟神奇

第二个片段中,教师通过演读的方式启发学生感悟神话故事的神奇，创设了两个表演情景，一是劈开天地时的惊天动地，二是分开天地的艰难和漫长。让学生一边表演，模仿盘古的动作、神情，一边朗读，从而感悟盘古分开天地的神奇和艰辛，感悟盘古开天辟地的伟大气魄，启发学生对故事主题的理解。

三、将阅读、想象和表达融为一体

教师在第三个片段中把阅读、想象、表达融为一体，目的是借助想象延伸神奇，激发学生的想象力。首先通过师生阅读熟悉课文，从课文内容出发拓展想象盘古身体变化的巨大，就有学生说到了文中未提到的盘古身体上的其他部分，充分让学生理解了"用整个身体创造了这个宇宙"这句话，展现了盘古的无私奉献的精神。接着通过表达对盘古这种精神的赞扬，用改换人称朗读的方式，把这种感激和赞叹之情推向高潮。在高潮之后教师又创设了一个让同学们发挥想象的情节，再一次让同学们和盘古一样变得充满神奇，真正领悟到神话神奇的魅力。

总之，教师引导学生阅读、表达、想象，理解了神奇，感悟了神奇，拓展了神奇。并为学生创设了入情入景的场景，提供展示想象的平台，力求把神话的魅力展现出来，达到对神话故事的深入理解和感悟。

从学生的阅读、表达中我们能够惊喜地看到学生神奇的潜能，他们的想象天马行空，天真质朴，极富情趣，他们的朗读也能入情入景，真正做到读中悟，悟中读，整个教学过程沉浸在悲而不伤，激而不昂的情感里。

【案例2】

《掌声》一课写的是残疾女孩英子内心很自卑，一个偶然的机会，同学们给了她鼓励的掌声,掌声改变了英子的生活态度,从此微笑着面对生活。

全文语言质朴,但在平淡的叙述中饱含着充沛的情感。在这一课中,"掌声"代表着鼓励、尊重,代表着"爱"。本课的教学重点和难点是引导学生整体把握课文内容,感受英子在掌声前、后的变化;通过英子的外在动作、语言来体会英子的心理变化。同时还应该在教学中体现语文课程人文性和工具性的统一,凸显语文本体,凸显语文课程的审美特点,让学生在情境诵读中入情,在切己体悟中融情,在拓展延伸中升情。

《掌声》教学案例

教学片段一:感受两次掌声

师:教室里,响起了几次掌声?每次掌声都是在什么情况下发生的?就在英子刚刚站定的那一刻,教室里骤然间响起了掌声,那掌声热烈而持久。"英子犹豫了一会儿,慢吞吞地站了起来,眼圈红红的。"从这句话,你们读出了什么?

生1:英子想上去,但又怕大家歧视她。

生2:英子想展示自己的普通话水平,可又担心大家看到她走路的姿势。

生3:此时,英子的心里非常矛盾。

生4:英子拿不定主意。

师:这就是课文中说的"犹豫"。

生1:我从"慢吞吞"一词感受到英子已经拿定主意了,她战胜了自己。

生2:我从"眼圈红红的"感受到英子很痛苦。

生3：我从"眼圈红红的"感受到英子很激动，因为她以前从没在同学面前走过，这一次终于要上去了。

师：为自己这次的大胆决定而激动。你们觉得这是怎样的掌声？

生：这是热烈而持久的掌声。

师：仅仅是响亮而长时间的"啪啪"声吗？（有同情、理解、鼓励、信任、希望……）"故事讲完了，教室里又响起了热烈的掌声。"

师：这又是怎样的掌声呢？（鼓励、赞扬、肯定、羡慕……）透过掌声，你们仿佛看到了什么？（英子激动的表情、感动的泪水、迷人的微笑……同学们金子般的爱心……人与人之间的真情……）那么，现在你们对"掌声"是否又有了新的理解？（这掌声就是爱）

教学片段二：感受英子

师：同学们初读课文后，交流：英子给你们留下了怎样的印象？（学生：忧郁、文静、自卑）

师：带着这份印象和感受，再仔细读读课文的第一小节，看看哪些句子、哪些词语使你们对英子有了这种感受。（学生自读自悟，圈圈画画感受深刻的词句）

师：研读词句，感情朗读（强调重读）：

"她很文静，总是默默地坐在教室的一角。"

生1：我从"默默""坐"等词中体会到了她很文静。

生2：我也从这两个词体会到了英子很害羞。

师：难道她不喜欢和同学一起游戏，和同学一起说笑打闹吗？

生：不是的，因为她有残疾，不愿意让别人看见她走路的姿势。

师：这是一种自卑的表现，其实她内心非常痛苦。

师："上课前，她早早地就来到教室，下课后，她又总是最后一个离开。"你们还能从哪些词语中体会到英子的自卑心理？

生：早早、最后。

师："因为她得过小儿麻痹症，腿脚落下了残疾，不愿意让别人看见她走路的姿势。"你们从这个句子中的哪些词语中感受到英子的什么心理？

生1：从"小儿麻痹症""残疾"两个词感受到英子很可怜。

生2：从"不愿意"感受到英子很难为情，怕人家取笑她。

师：这场可怕的疾病，给英子留下了什么？

（留下了终身的残疾，留下了痛苦的回忆，留下了伤痛，留下了心理的阴影……）

师：这场可怕的灾难让英子失去了什么？

失去了灿烂的微笑，失去了童年的快乐，失去了对生活乐观的态度……

师：课文中说英子是个很"文静"的女孩，现在，你们认为这"文静"后面藏着的是什么？（害羞、自卑、痛苦、忧郁……）

请大家自由地读读第一自然段。你们觉得英子是个怎样的孩子，就怎样读。

教学片段三：理解"忧郁"

"从那以后，英子就像变了一个人似的，不再像以前那么忧郁。"

师：以前英子是怎么样的？（默默地…… 早早地…… 最后…… 整天愁眉苦脸 没有笑脸 听不到她的笑声 心事重重……）

师：那么，你们认为"忧郁"是什么意思？

愁闷 忧愁

教学片段四：掌声处填白

师：如果你在这些同学中间，你的掌声想表达些什么？

生1：我用掌声告诉英子，我们相信你能行，大胆讲吧！

生2：我用掌声告诉英子，我们理解你，你不愿意上去是有原因的，但我们不会歧视你。

生3：我用掌声告诉英子，我们不会歧视你，我们都很同情你。

生4：我用掌声告诉英子，希望你能讲好这个故事，也许取得成功后，你会自信起来。

师：在这热烈而持久的掌声里，英子一摇一晃地走上来了，她的内心是多么的激动啊。此时此刻，假如你就是英子，你在想些什么呢？

生1：想不到大家都没有歧视我，是我多心了。

生2：同学们对我真好，我一定要好好表现。

生3：谢谢你们，谢谢你们对我的鼓励。

【评析】

语文是学生精神栖息的家园，语文最终的意义是滋润学生的心灵、塑造学生的灵魂和引领学生的精神。因此，在语文课堂教学中我们就要引领学生走进文本的最深处，让他们自由自在地、尽显个性地在文本里绽放智慧的花朵，愉悦、兴奋地在课堂上做生命的飞翔和超越。一次次地穿越语言文字，还文本以形象，还文本以画面，还文本以情感，变他语为己语，化文境为心境。

一、引导学生自读自悟

教学中，学生通过反反复复的朗读，将目光聚焦到一个句子、几个词、一个词上去体会、感受人物的心理。如：哪个句子、其中的哪个词语表现了英子怎样的心理，让学生找到表现人物心理的重点词语来感受人物形象，品味语言的意义，进而理解文章内容，要有悲天悯人的情怀，使学生受到思想教育，净化灵魂，提升精神境界。

二、善于挖掘教材的空白点

教学过程中特别注重对教材空白点的挖掘，让孩子真正走入人物的内心世界，与之产生强烈的情感共鸣，学会通过人物的外在表现揣摩人物心理，激发思维，主动积累，学会读书，提高语文综合能力；让原本枯燥的语言文字训练生动活泼地走入课堂，并落到实处。

【案例3】

《孔子拜师》讲述了我国古代著名思想家、教育家孔子拜老子为师的故事。体现了孔子谦虚好学、孜孜以求的治学精神和老子诲人不倦、爱护晚辈的品行，课文还渗透了"学无止境"的精神。鼓励学生在反复诵读中积累语言，感受中国传统文化的博大精深，进一步加深热爱祖国文化的情感和增强民族自豪感。

《孔子拜师》教学案例

学习目标：会认8个生字，会写12个生字。正确读写远近闻名、相距、学问、风尘仆仆、纳闷、迎候、等候、止境、长进、请教、保留、传授、敬重、品行等词语；有感情地朗读课文；了解孔子拜师的经过，激发对大思想家孔子和老子的崇敬之情；积累课文中的好词佳句，能用查字典、联系生活或结合上下文等方法理解词句的意思。

教学重点： 了解孔子拜师求学的过程，感受孔子、老子的品行。

教学难点： 懂得为学要勤奋、谦虚、学无止境，为人要谦逊大度、真诚无私。

教学准备： 课前收集孔子和老子的资料。

第一课时

一、交流资料，导入新课

谈话：今天老师给同学们带来两句话，"三人行必有我师焉""有朋自远方来，不亦乐乎"。你们知道是谁说的吗？（板书孔子）

交流：关于孔子，你们还知道些什么？（学生课外收集资料）

同学们能通过问父母、上网查、看书等多种途径了解信息，可见大家掌握了一些学习的方法。下面，我们一起来看一看课后资料袋中对孔子的介绍，你们还能记住哪些有价值的信息。

教师小结：一个人能称为"家"不简单，孔子却同时被誉为两个"家"：思想家和教育家，而且是"伟大的"，那就更了不起了。孔子为什么会有如此成就呢？学完今天这篇课文大家可能会有所启发。（板书：孔子拜师）

二、初读课文，读准读通

师：端起书自由朗读课文，读书时，把生字读准，把句子读通顺，难读的地方多读几遍。

师：看黑板，刚才在同学们读书时老师发现有些词语把同学们给难住了，我们一起把它读准了：

风餐露宿　风尘仆仆　日夜兼程　佩服　纳闷　曲阜

大家不仅要把这些词读准，还要能写准这些词，谁知道哪些词语要注意？（餐、尘、佩）感谢这些同学的提示，我们赶快在本子上把这几个难词写一遍，写的时候做到姿势端正、书写正确。

师：拦路虎被我们解决了，现在谁想把这个故事读给大家听听？（抽生读课文）其他同学认真倾听，读错的地方，给他们记着，读得好的地方我们向他学习。

三、读中感悟，学习品行

（一）抓住中心句，感悟主旨

师："佩服"是咱这课的生字，但老师发现同学们把这个词语读得很准，可见平时我们常用这个词语。说说你佩服谁，为什么佩服他？那咱这篇课文中的人们佩服谁？——是孔子和老子。请同学们自己从课文中找出"佩服"所在的句子读一读。

人们佩服孔子和老子的学问，也敬重他们的品行。他们的什么品行值得世人敬重？请同学们再次回到课文中，默读课文，找出相关的句子读一读。

（二）班级交流

师：孔子年轻的时候，就已经是远近闻名的老师了。他总觉得自己的知识还不够渊博，三十岁的时候，他离开家乡曲阜，去洛阳拜大思想家老子为师。

师：什么样才是远近闻名，那孔子只是一名老师，凭着什么而远近闻名呢？

师：是啊，他学识渊博，人们都愿拜他为师，可是孔子却觉得自己不够渊博，可以看出什么？（可以看出孔子谦虚好学，板书：谦虚好学）

师：还从哪可以看出孔子一定要拜师的原因？

"学习是没有止境的。您的学问渊博，跟您学习，一定会大有长进的。"

师：可是老师不明白，把老子的知识学完了，学习不就到头了吗？

生：知识很多，永远学不完。

师：是啊，工作了，还要学习，直到老都要学习，真是活到老，学到老，这就叫——学无止境。（板书）

师：孔子正是有了这种学无止境的想法，所以他毅然选择了远离家乡去拜师，他是怎样拜师的呢？拜师的过程一帆风顺吗？请同学们轻声读课文第二自然段，画出表现孔子拜师艰辛的词。

（学生画：日夜兼程、风餐露宿、风尘仆仆、终于）

师：想象一下：曲阜离洛阳相距上千里，距今两千多年前，当时没有汽车，路途没有旅店，凭的只是两只脚板，孔子在拜师路上可能会遇到哪些困难，他是怎么样做的呢？

（孔子也许会遇到炎炎夏日，烈日当头照着，也许寒风凛冽，……渴了，他……；饿了，他……；累了，他……；晚上，他……几乎分不清白天和黑夜。）

师：孔子在拜师过程中历尽千辛万苦，让我们一起来读出孔子拜师的艰辛。

（孔子战胜了种种困难，让我们读出孔子的顽强意志）

（孔子终于到达了目的地，让我们读出孔子的高兴心情）

师：老师此时也被孔子拜师的执着精神打动了，我想用动情的朗读，读出对孔子的敬佩之情。同学们闭上眼睛，想象你会看到怎样的孔子出现在你的脑海中？（师范读）

师：请同学评价老师的朗读。此时的孔子站在你面前会是什么样？——风尘仆仆。（学生模仿老师，有感情地朗读这句话）

师：孔子终于见到了他最想见到的老师了，课文有一段孔子和老子相见的描写，同桌先自由练习，把当时两位圣人见面的情景再现。

学生自由练习，然后请同学分角色朗读，直接读人物语言。

你是——（学生拖长音，读出疑问的语气）

师：你为什么要这样读？

生：因为他（老子）不知道孔子是谁，所以老子问"你是——"

小结：会读书的同学，能读出标点符号所包含的意思。标点符号是无声的语言，这里的破折号"——"表示疑问。

从两位同学这么生动的表演中，我们仿佛看到了什么样的孔子、老子？从哪些地方感受到的？（从迎候、拜访等词语体会——有礼貌）

四、总结提炼，升华情感

师：拜师成功后，老子怎么教授？孔子怎么学？

生（朗读）：从此，孔子每天不离老师左右，随时请教，做到了虚心好学。

老子也把自己的学问毫无保留地传授给他，做到了诲人不倦。

板书——诲人不倦。

师：同学们想不想夸夸他们？

（学生交流）

师：对两位圣人的赞美，我们可以用一副对联——上联是"孔子拜师虚心好学"，下联是"老子授徒诲人不倦"，横批是——学无止境。

同学们，孔子的虚心好学、老子的诲人不倦被世人称颂，正是他们做到了学无止境，才学识渊博，得到后人的敬仰。来，请大家端起课本，朗读最后两个自然段，读出对两位圣人的敬佩之情。

五、推荐作业，课后延伸

师：同学们，正因为孔子、老子的高尚品格，他们才受到了人们的佩服与敬重。孔子门下有弟子把他的言行记录了下来，编成了《论语》，老子撰写了《道德经》，这两本书对后世都产生了深远的影响。对圣人的了解不能随课文结束而停止，课后请大家继续收集有关孔子和老子的文化精髓，进一步感受中国传统文化的魅力。

第二课时

一、进行词语积累

师：书写本课的生字新词，同桌交流记忆生字的方法。注意"丘"与"兵"的区别，"尘"上面的写法。听写词语。

在读书笔记本上把本课的生动词语积累下来，和同学们交流。

二、回归文本，感悟文本

师：回到课文中，细读感悟，孔子、老子给你留下了哪些印象？（引导学生通过朗读把感受读出来）

生交流读后感受。

分小组演一演。进一步加深对孔子、老子的印象。

三、小练笔

①小组内交流课前对孔子、老子的进一步了解。

②写一写:"我想对孔子说"或者是"我想对老子说"。(鼓励学生利用教材中的资料袋或引用名言谈孔子和老子)

③班级内交流,加深印象,感受中国传统文化的巨大魅力。

四、拓展活动

孔子、老子是我国的大思想家,他们创立了儒家、道家学说。生活中,我们处处可以感受到丰富多彩的中华传统文化,为了更多地了解生活中的传统文化,我们准备开展"闪光的金钥匙"这一活动,用这把金钥匙去开启中华传统文化的大门。

自由分组:学生根据自己的爱好、特点选择伙伴组成学习合作小组。

明确责任:各小组推荐一名同学作组长,具体负责本小组的活动。

商定方案:各小组在小组长的带领下,商定准备哪些内容、怎样开展活动,组内具体分工等事宜。形成方案与其他小组交流。

【评析】

一、精彩的课堂源自老师深厚的底蕴

教师是课堂教学的组织者和领导者,其知识、人格和威信是一种巨

大的精神力量,具有很大的震撼作用,是影响学生情感、制约课堂气氛的关键要素。教师要关注学生的发展,以满腔热情的积极状态,将知识传递给学生,提升学生的语言技能,用激情点燃学生的智慧火花,使学生的思维随着教师的情感而奔腾澎湃。只要我们从内心深处去热爱学生,关心学生和爱护学生,积极主动地创造条件,让学生从中潜移默化地受到熏陶和感染,良好的课堂气氛自会形成,从而达到预期的教学效果。当老师能用扣人心弦的语言,激发学生对自己生命的珍惜与热爱,就为学生理解课文内容奠定了基础。

本课讲述的是我国古代两位伟大思想家的故事,要求老师以深刻的理解化育学生的思想,激发学生热爱中华优秀传统文化,从先哲身上汲取丰富的精神营养。教学中教师用对联总结赞美两位圣贤的高尚品德,课后向学生推荐介绍《论语》《道德经》,拓展活动"闪光的金钥匙"等,实现了这一目标。

二、精彩的课堂源自精心的教学设计

成功的课堂教学首先是对学生的全面了解,对教材的深入研究,准确把握教学目标,深入地挖掘出有价值的学习和训练内容,再次是精心做好教学设计。该案例中,教师将语文核心素养的培养渗透到各个教学环节中,课内学习与课外活动紧密衔接,学生学习内容得到拓展,语文能力得到提升。

【案例4】

《爬天都峰》通过"我"和一位不相识的老爷爷相互鼓励登上了天

都峰的事，写如何"爬"的文字并不多，而用了大量笔墨去写天都峰的特点，写小妹妹与老爷爷的两次对话；再从中心思想看，并非只在表现不怕困难、奋力攀登的精神，而是要说明应该善于从别人身上汲取力量，相互鼓励，共同进步。

《爬天都峰》教学案例

根据教材的特点和课后思考练习的要求，教师把教学重点确立为：弄清"我"登天都峰前后的思想变化，读懂爸爸的话。

师：今天，我们继续学习——

生：《爬天都峰》。

师：上节课，我们初读了课文，同学们提出了很多问题。其中一个是：天都峰有多高，它是什么样子的呢？通过第一节课的学习，这个问题已经解答了。让我们来回忆一下，请翻开书，一起读课文的第2自然段。

（生齐读第2自然段。）

师：读得好。（多媒体出示天都峰画面）天都峰真高啊！峰顶在云彩上面哩！天都峰真陡啊！登山的石级和石级边上的铁链，似乎是从天上挂下来的。

师：但是，小妹妹、老爷爷，还有爸爸终于都爬上了天都峰。同学们，上节课你们还提出了他们为什么能爬上天都峰呢，是什么力量使他们爬上天都峰的呢？这些问题提得很好，这也是这堂课我们要解答的主要问题。让我们先来看看小妹妹为什么能爬上天都峰。请你们自由读课文的第8至10自然段，听一听小妹妹是怎么说的。

（生自由读，师巡视检查）

师：小妹妹说了什么？

（指名读小妹妹的话）

师：好，请坐。小妹妹说她为什么能爬上天都峰呢？请同学们自己读一读。

（生自由读小妹妹的话）

师：她说她为什么能爬上天都峰？

生：是因为她爬上的时候，她……

师：她怎么样啊？

（再提示学生联系写天都峰"陡"的语句去深入体会小妹妹的感受，切实、具体、全面，使学生的体会自然、贴切）

师：来到天都峰脚下，小妹妹犹豫了。那当她看到老爷爷时，心里又怎么想呢？

生：她看到老爷爷的时候，她应该想，我这么小的年纪，来爬天都峰，会害怕。老爷爷这么大的年纪，还要来爬天都峰，他都不害怕，我应该鼓起勇气爬上天都峰。

师：你是说老爷爷的勇气鼓舞了小妹妹。她还会怎么想呢？

生：小妹妹看见老爷爷，是这样想的，她想老爷爷那么大年纪了，还来爬天都峰啊！

师：她感到怎么样啊？

生：她感到心里就不怎么害怕了。老爷爷那么大年纪，还来爬，自己那么活跃，怎么没有胆量爬呢？

师：说得真好！对，老爷爷不怕，小妹妹也不怕！你们是从哪儿看出这是一位年纪很大的老爷爷呢？

生：我从"比我爷爷还大哩"这里看出来这个老爷爷比她爷爷

年纪还大。

师：还从哪儿看出老爷爷年纪很大？

生：我从"白发苍苍"看出来老爷爷的年纪很大。

师：同学们真会读书。我们一起来读一读，通过读表现出老爷爷年纪很大。

（生齐读相关句子）

师：你们从哪儿看出这位年纪这么大的老爷爷，也要爬天都峰呢？

生：我是从"老爷爷，您也来爬天都峰"和"老爷爷也点点头：'对，咱们一起爬吧！'"看出老爷爷也要爬天都峰。

师：你真会读书。这是她发现的，你们又从哪儿看出老爷爷也要爬天都峰呢？

生：我还从"小妹妹，你也来爬天都峰"这里看出老爷爷也要爬天都峰。

师：同学们会学习。你们又从哪儿看出小妹妹这时下定决心，自己也要爬天都峰了呢？

生：我是从"我不再犹豫"这里看出小妹妹要爬天都峰。

师：请你们把这个句子读完整，好吗？

（生读句子，师相机板书：不再犹豫）

师：请你们通过读让老师感受到小妹妹不再犹豫了。

（生齐读相关句子）

师：小妹妹下定了决心，应该读得再坚决一点儿，再读一次。

（生再读相关句子）

师：小妹妹看到老爷爷要爬天都峰，不再犹豫，下定了决心爬天都峰。她怎样爬天都峰的呢？在书中去找答案。

生："她是奋力向峰顶爬去。

（板书：奋力）

师："奋力"是什么意思？

生："奋力"的意思是拿定主意。

师：拿定主意是不再犹豫的意思。联系上下文想想"奋力"是什么意思。

生：奋力就是充分鼓起劲来。

师：对，使出了全身的力气。想一想，怎样读才能表现出用出了全身的力气呢？自己试一试。

（生试读）

师：请同学们读。

（生齐读）

师："我"怎样奋力向峰顶爬去的呢？往下读。

（生齐读相关句子）

师："攀着铁链上"。"攀着"是什么意思？

生："攀着"就是紧紧抓住东西使劲爬上去。

师：那"攀着铁链上"是什么意思？

生：就是用力抓住铁链往上爬。

师：理解得好！那"攀着铁链上"怎么读？一起读一读。

（生齐读"攀着铁链上"）

师：是使劲儿抓住铁链往上爬。再用点儿力，读。

（生再读）

师：读得好。再读一次。

（生再读）

师：她为什么要紧紧抓住铁链往上爬？

生：因为天都峰很陡，如果不紧紧抓住铁链，就会掉下来。

师：说得好！她联系了天都峰的陡来考虑。

生：我想要是小妹妹不抓紧铁链，她会摔下来的。

师：那"攀着铁链上"该怎么读？一起读。

（生齐读）

师：多险啊！再读"攀着铁链上"。

（生再读）

师：读得好！再读一次。

（生再读）

师：真有力气！那"手脚并用向上爬"又是什么意思呢？

生："手脚并用向上爬"的意思是手和脚一起用力向上爬。

师：说得对！小妹妹为什么要手和脚一起用力向上爬？

生：因为她不手和脚一起用，她就会摔下来。这样比较安全。

师：这是你的理解。还有吗？

生：因为如果她用两只脚走的话，有时候脚会走累了，她用手一起爬的话就比较省力。

师：有感受。你们还怎么想？联系天都峰又高又陡来想想。

生：因为天都峰那儿铁链是直下来的，不"手脚并用向上爬"，只用脚爬，是爬不成的。

师：噢，有道理。那我们来读"手脚并用向上爬"。

（生齐读）

师：读得好。小妹妹就是这样奋力向峰顶爬去的。（板书：奋力攀登）请同学们自由练读这个自然段。

（生自由练读第6自然段）

师：同学们读得多好啊！我们再一起读。

（生齐读第6自然段）

师：小妹妹就这样奋力向峰顶爬去。下面，老师接着念，同学们看到第7自然段，请注意听："爬呀爬，我和老爷爷，还有爸爸，都爬上了天都峰顶。"老师念的和书上有什么不同？

生：老师少念了个"终于"。

师：那句子中有了"终于"这个词，让你们感觉到什么呢？请你们自己试着读一读，体会一下。

（生试读体会）

师：你们体会到什么？

生：我体会到了他们爬得很累，很不容易。

师：理解得好！还有吗？

生：我体会到他们爬呀爬，最后终于爬上了峰顶，他们感到无比的喜悦！

师：这个词用得好！那你们能把体会通过读表现出来吗？

（生有感情朗读句子）

师：读得多好啊！同学们，拿起书，一起读。

（生齐读）

师：老师看到有的孩子读的时候笑眯眯的，就像自己也爬上了峰顶一样。请大家再读一读。好多小脸儿都笑起来了，多可爱啊！

（生齐读）

师：同学们提出的小妹妹为什么能爬上天都峰这个问题，现在你们明白了吗？

生：明白了。

师：所以，小妹妹说——请女同学读。

（女生读小妹妹的话）

师：那老爷爷为什么也能爬上天都峰呢？请同学们自由读老爷爷爬上峰顶后说的话。

（生自由读老爷爷的话）

师：老爷爷说他为什么能爬上天都峰呢？

生：是小妹妹的勇气鼓舞了他，他才爬上天都峰的。

师：理解得好！你们能不能用老爷爷的话来说一说？

（生读相关句子）

师：一起读。

（生齐读相关句子）

师：课文中没有具体告诉我们老爷爷怎样受小妹妹勇气鼓舞，下决心爬上天都峰的，但你们只要仔细读书就能体会出来。请同学们静静地再认真读第2至7自然段。（多媒体出示思考题：老爷爷来到天都峰脚下，心里怎么想？他看见了小妹妹，心里又怎么想呢？后来，他是怎样爬上天都峰的？带着这些问题一边读，一边想。

（生默读，师巡视、指导。）

师：想好了自己说一说。

（生自由练说）

师：说完了以后，你们可以讨论一下。

（生分组讨论，师巡视倾听）

师：很多小组讨论得非常热烈。你们对哪些问题感受深，就说哪些问题。哪个同学愿意先说?

生:他看到小妹妹心里会想,天都峰这么高、这么陡,小妹妹这么小的年纪还来爬,可能爬不上去吧?

师:老爷爷看到小妹妹这样想,是吗?下来再静心读读老爷爷的话,再想想。——还有吗?

生:老爷爷站在天都峰脚下,心里会想,我这么大的年纪,能爬上天都峰吗?

师:你能联系天都峰的高和陡来想象,很好!——还有吗?

生:老爷爷看到小妹妹以后,心里会想,小妹妹年纪这么小,爬得上去吗?再看看我年纪这么大,肯定能爬上去。这时,他不害怕了,充满了信心。他想,他一定会爬上去的。

师:老师发现不少同学觉得老爷爷一开始就敢爬天都峰,是不是这样?

生:是。

师:让我们再来听一听老爷爷说的话,一起读画红线的部分。

(生齐读)

师:老爷爷一开始就下决心爬天都峰了吗?

生:没有。

师:他在什么情况下下决心爬天都峰的?

生:他是看小妹妹也要爬天都峰,才下决心爬天都峰的。

师:那刚才的两个同学提到的他看到小妹妹时想,我年纪这么大了,肯定能爬上去。是不是一开始就想的我肯定爬得上去?

生:是的。

师:那你再读一读老爷爷的话。大家一起帮他,好吗?

（生齐读）

师：老爷爷先下决心了吗？

生：老爷爷一开始还没有下决心。

师：对了。什么时候下决心的？

生：是老爷爷看到小妹妹也要爬天都峰的情况下才下决心的。

师：所以，你刚才的说法——

生：不对。

师：刚才那个同学也说老爷爷一开始就要爬，你说的，是吗？你现在觉得你该怎么说？

生：我觉得应该说老爷爷是看到小妹妹那么小也要爬天都峰，他才有勇气向上爬的。

师：现在你们明白了吗？

生：明白了。

师：好，我们回到刚才的问题，继续讨论。

生：我想老爷爷爬不上去的时候，小妹妹会说：老爷爷，你——你要有勇气爬上天都峰，爬上天都峰就可以看到黄山的云海了。然后，小妹妹没有信心的时候，老爷爷又会对小妹妹说：小妹妹，无限风光在险峰，你只要爬上了天都峰，你就一定能看到美丽的风景。

师：他们始终在相互鼓舞。答得棒！请坐下。有没有同学把这几个问题连起来想了？

生：老爷爷在峰顶下面，他看到天都峰，心想，我这么大的年纪，要来爬这么高、这么陡的山，可能爬不上去吧？他对自己有些怀疑。看到小妹妹，他会想，小妹妹这么小的年纪都来爬天都峰了，我一定也要爬。后来，他看见小妹妹爬不上去的时候，他说，小妹妹，一定

| 第四章　阅读与鉴赏教学案例分析 |

要爬上去，爬到上面，我们就又可以休息，又可以看黄山的云海了。老爷爷爬不上去的时候，小妹妹会说，老爷爷，你加油啊！无限风光在险峰，你一定要爬上去呀！

师：无限风光在险峰。你会向同学学习，能干！同学们想得很好，积极开动了脑筋。那么，老爷爷为什么能爬上天都峰这个问题，你们明白了吗？

生：明白了。

师：那我们再来读一读老爷爷说的话。请男生读。

（男生齐读老爷爷说的话）

师：上节课，同学们还提出了一个问题，小妹妹和老爷爷互相道谢以后，爸爸为什么要说"你们这一老一小真有意思"。这一老一小哪点儿有意思，有什么意思？你们是怎么理解的？

生：他们都会从别人身上汲取力量。

师：他们都会从别人身上——

生：汲取力量。

（板书：汲取力量）

师：爸爸笑着说的话是对这一老一小的赞扬。让我们学着爸爸，也笑着来赞扬这一老一小吧！

（生齐读爸爸的话）

师：让我们记住爸爸的话吧！

141

【评析】

一、指导读书，训练语感

阅读教学重在指导学生学会阅读，课堂上应该让学生以读为主，充分阅读思考。教师始终把指导读书作为教学的一条主线，采取了范读、引读、自由读、小组读、集体读、分角色读、指名读等多种形式，并有机地结合教师的指导与演示、学生的观察与讨论，训练学生正确阅读，深入理解，形成阅读能力与习惯。

教师重视读书与思考相结合，如在弄清"我"是怎样爬上天都峰时，设计了几个相关问题：小妹妹来到天都峰脚下，心里怎么想？她看见了老爷爷，心里又怎么想？后来，她是怎样爬上天都峰的？让学生静下心来一边读一边想，通过反复阅读，分析理解，得出思考结论，指导学生学会读书。

语文核心素养之一是语言运用，"学生在丰富的语言实践中，通过主动的积累、梳理和整合，初步具有良好语感；了解国家通用语言文字的特点和运用规律，形成个体语言经验"。在本课设计中，读书贯穿了教学活动的始终，教师根据不同的训练目的，设计了包括自读、默读、试读、指名读、齐读、分角色读等不同形式的读，使学生在读中感受，读中理解，最终达到感情朗读，培养了学生良好的语感。

教师还指导学生在语境中理解词语的含义，形成对语言的敏锐的感受力。课文第六自然段讲的是"我"受老爷爷精神鼓舞，不怕困难，奋力向峰顶攀登。为使学生在语言环境中理解"奋力"一词，首先，指名读本节，其余学生感受"我"是怎样不怕困难爬天都峰的；其次，再让学生自读，找出体现我"奋力"爬的词句，并理解这些词句；最后，让学生结合生活感受，带着自身体会有感情地朗读课文。

二、激发潜能，自主学习

教师不再用自己对课文的分析讲解去取代学生自身的主体感受，而是在教学的各个环节中，都尽可能地让学生自我活动，去读书、去思考，参与议论，参与交流，使他们能更充分、更直接、更自如地接触课文，从而更好地去感知课文、理解课文。在学生活动方式上，不再局限于单一的全班学习这一形式，而是以个体的独立学习为主，加强同桌及小组的合作学习，有机地把各种方式恰当地安排、组合，从而使课堂上师生之间、生生之间的信息和情感交流呈现出双向和多向并存的局面，使学生们始终有一种自觉、主动、热情的学习状态。

三、启迪智慧，鼓励创新

我们要为祖国培养具有创新精神的建设者，教师在教学中要挖掘教材中的创造性教育因素，启发学生合理想象，以培养学生的创新能力。

课文没有直接、明显地写出老爷爷爬天都峰的思想变化及攀登天都峰的具体过程，但学生们可以凭借前面理解到的小妹妹在老爷爷鼓舞之下爬上天都峰的那些认识，在自己头脑中对已有的表象进行加工改造，创造出新的形象来。而且如前所述，老爷爷在小妹妹的鼓舞下终于爬上了天都峰，又正是体会爸爸说的"都会从别人身上汲取力量"的一个方面，因此这里可以作为一个启发想象的训练点。教师设计了一组训练学生想象的思考题：老爷爷来到天都峰脚下，心里怎么想？他看见了小妹妹，心里又怎么想呢？后来，他是怎样爬上天都峰的？让学生在想象的空间里去塑造老爷爷奋力登山的生动形象，从而对他们进行创造性思维的训练，开发学生的创造潜能。

【案例5】

《找骆驼》是人教版义务教育课程标准试验教科书三年级上册的一篇讲读课文，改编自阿拉伯故事，主要情节是：一位商人走失了一只骆驼，在路旁向一位老人打听，老人在没有见过骆驼的情况下，仅凭观察到的现象进行准确判断，使商人找回了骆驼。

课文在叙述中巧设悬念，引人入胜。起因、经过、结果都十分清楚，以对话形成一个完整的故事。课文一开始讲老人向商人描述骆驼的特点，而并不讲他是如何知道这些特点的，并在商人与老人之间制造了一个小小的误会，激发读者的阅读欲望。老人的观察、分析、判断，对人很有启发，令人拍案叫绝。

《找骆驼》教学案例

学习目标：分角色朗读课文，读出老人和商人的不同语气和他们各自的心情；理解老人看到的现象与他所做的判断之间的关系；培养学生仔细观察、认真思考的习惯。

教学重点和难点：重点是了解商人的骆驼有哪些特点，老人是通过什么方法发现这些特点的；难点是理解老人看到的现象和他所做的判断之间的关系。

教学方法：情境教学法、启发式教学法、朗读教学法、讨论教学法。

教学手段：多媒体。

师：在开始新课之前，先请一位同学带着大家背两首古诗。

（全班同学齐声朗诵古诗，老师在其间调整学生的坐姿和情绪，为正式上课做准备）

师：你们的古诗背得这么好，老师真为你们感到高兴。下面请举起你们的手来，和老师一起来写一个词语。（板书：骆驼，要求学生书写）

师：你们听说过骆驼的另一个称呼吗？

生：（齐）听过，叫作"沙漠之舟"。

师：哪位小朋友知道骆驼为什么叫作"沙漠之舟"呢？

生1：因为骆驼能在沙漠里行走，不怕风沙。

生2：骆驼很耐渴，很长时间不吃东西也不会饿。

师：大家已经知道了骆驼的一些特点。那我们来看一个和骆驼有关的影片，小朋友们可要看仔细了。（播放多媒体）

师：看了影片，大家再来说说骆驼的特点。

生1：骆驼是有感情的。

生2：骆驼勇往直前，很勇敢。

生3：骆驼是沙漠里主要的交通工具。

生4：老师，看了影片，我有三个问题：第一个问题是，沙漠里的人为什么要穿黑衣服？第二个问题是骆驼在沙地里行走，脚会不会陷进沙子里去？最后一个问题是骆驼的驼峰有什么作用？

师：这位小朋友看影片看得可仔细了，而且能在看影片的过程中发现问题。那么，哪个小朋友能解决这位小朋友刚才提出的问题？

生1：我来回答第一个问题，黑色衣服的作用是防晒、防风沙。

生2：我觉得可能这是他们的风俗。

生3：我来回答第二个问题，骆驼的脚会陷进沙子里，但很快就能拔出来。

生4：我回答最后一个问题，骆驼的驼峰是用来贮存脂肪和水分的，这使它能在沙漠里生存，很长时间不吃东西也不会饿，很长时间不喝水也不会渴。

师：谢谢这几位小朋友。下面大家和老师一起来写一个动词。（板书：找，指"找骆驼"三字，全体同学齐读课题）

师：聪明的小朋友们，你们想怎样来解决这篇课文呢？（板书：驮　跛）

师：现在请你们抬起头来，看到黑板上这两个字，你们难道不想说点什么吗？

生1：看到驮字，我想到在课文中，骆驼背上驮的是米和蜜。

生2：看到跛字，我想到课文中骆驼的脚是跛的。

师：小朋友们真聪明，下面老师想欣赏你们读课文，请你们选一位你们最想听他读课文的同学来读读第一段，要读得准确、流利，有感情。

师：这位同学读得真棒，我们这样来读下面的课文，从现在起，我就是那位商人，你们就是那位老人家。你们想想，我丢失了骆驼应该读出什么样的语气，你们作为指点迷津的老人，又应该读出什么样的语气？（分角色朗读，老师读商人的话，全体同学读老人家的话）

生：你问的那只骆驼，是不是左脚有点跛？

师：是的。

生：是不是左边驮着蜜，右边驮着米？

师：不错。

生：是不是缺了一颗牙齿？

师（着急地）：对极了！您看见它往哪儿去了？

生：那我可不知道。

师（愤愤地说）：别哄我了，一定是你把我的骆驼藏起来了。要不，你怎么会知道得这么详细！

生：干嘛生气呢？听我说嘛。刚才我看见路上有骆驼的脚印，右边深，左边浅，就知道骆驼的左脚有点跛。我又看见骆驼的左边有一些蜜，左边有一些米，我想骆驼驮的一定是这两样东西。我还看见骆驼啃过的树叶，上面留下了牙齿印，所以知道它缺了一颗牙齿，至于骆驼究竟往哪儿去了，应该顺着它的脚印去找。

师：伙伴们，"我"丢失了骆驼，说话时应该是什么样的语气？

生1：要读得快一点，读出你的着急来，因为你丢失了骆驼，找了很多地方也找不到，肯定很着急。

生2：还要读出"你"的气愤来，"你"后来以为老人家藏了你的骆驼，对他很不信任。

师：那你们呢？老人家应该读出什么样的语气？

生1：要读得很沉稳，因为我们经验丰富，见多识广。

生2：要读得慢一点，读得胸有成竹，因为我们能够通过他的经验判断出骆驼的特点。

师：小朋友们体会得非常好，下面我们再来读一读。

师：我们读完了课文，各位聪明的老人家呀，我还有一个问题要问你们，请告诉我你究竟看见了什么，又判断了什么。大家用直线画出你看见了什么，用波浪线画出你判断了什么。

生1：我看见骆驼的脚印右边深，左边浅，所以知道骆驼的左脚有些跛。（板书：左浅右深　左脚有些跛）

生2：我看见路的左边有些蜜，右边有些米，所以知道骆驼驮的一定是这两样东西。（板书：左蜜右米　驮着这两样东西）

生3：我看到骆驼在树叶上留下的牙齿印，所以知道骆驼缺了一颗牙。（板书：牙齿印　缺了一颗牙）

师：真谢谢老人家，你们的经验真丰富。那么老人家呀，你们能不能用"因为……所以……"这组关联词语把刚才我们看见的和我们判断的连起来说一遍？同桌之间可以悄悄商量。

生1：因为骆驼的脚印左边浅右边深，所以我知道骆驼的左脚有些跛。

生2：因为我看见路的左边有些蜜，右边有些米，所以知道骆驼驮的一定是这两样东西。

生3：因为我看到骆驼在树叶上留下的牙齿印，所以知道骆驼缺了一颗牙。

师：大家的句子造得真好。谁来造一个课文之外的？

生1：因为她平时学习很认真，所以她的成绩总是那么好。

生2：因为我上次考试考得不好，所以老师批评我了。

师：通过读课文，我们知道商人最后找到骆驼没有？

生：（齐）找到了。

师：你们是从哪里发现的？

生：最后一段："商人听了，照老人家的指点一路找去，果然找到了走失的骆驼"。

师：你们真聪明，大家看看，"果然"还可不可以用其他什么词来代替？

生：可以用真的代替。

师：学完了课文，你们想对商人说点什么？注意了，我现在就是商人。

生1：你应该向我学习，多观察。

生2：你要学会讲礼貌。

生3：你应该好好想想，你为什么找不到骆驼？

生4：你要多思考，不要胡乱责怪人。

师：谢谢你，提醒得真好，我以后一定要注意。来，我们握握手。（与刚才发言的同学握手）

师：那么，你们又想对自己说些什么呢？你们自己就是老人家。

生1：我以后要继续动脑筋，多思考。

生2：我以后还要去帮助更多的人。

师：对，大家要继续仔细观察生活，多动脑筋。其实，老人家就在我们班，大家都是老人家，你们看看你们今天上课的时候多聪明呀，只要你们肯勤动脑筋，认真思考，仔细观察，你们就都是老人家。

【评析】

一、以人为本，尊重学生的主体性

素质教育明确指出："着眼于受教育者群体和社会长远发展的要求，以面向全体学生全面提高学生的基本素质为根本。"教师必须以学生为中心，始终为学生着想。这是一篇自读课文，所以重点是学生对课文的整体感知、自主感悟，该案例教师充分尊重学生的主体地位，较好地体现了以学生为本的教学思想，整节课的设计充分尊重了学生独特的感受、体验和理解。让学生自己的独立思考取代统一的答案，让学生自己的感性体验代替整齐划一的理解和指导，这对我们落实新的语文课程标准，实施新课程改革有比较好的借鉴。

二、品味语言，突出语文的工具性

在本课教学中，教师充分发挥自己的特长，以分角色朗读课文来创设情境，通过朗读指导，将学生与老师引入找骆驼的现场，充分融入文本，激发起学生学习的兴趣，引导学生充分注重朗读的外化与内化要求，品味语言，不断揣摩，对一些有助于学生理解课文的重点字词和句式进行了训练，学生从中感悟，培养了语言感知能力。

三、走出文本，凸显语文的人文性

在课堂结尾之处，教师又走出文本，从思想上对学生进行升华，培养他们仔细观察、勤于思考的习惯。教学中教师通过恰当的"导""引"较好地启发学生，使学生合作、自主、探究学习，在宽松、愉悦的氛围中实现学习目标，充分体现了语文课的人文性与工具性，充分落实了语文学科的知识目标与情感目标。

四、有机融入现代教学媒体技术

新课标指出："充分利用网络平台和信息技术工具，支持学生开展自主、合作、探究性学习，为学生的个性化、创造性学习提供条件。"教师把现代教学媒体与传统的教学媒体有机结合在一起，进一步优化了教学过程，优化了教学的时间结构，保证顺利地完成了教学任务。

诗歌

新课标指出:"小学语文课程应关注学生情感的发展,让学生受到美的熏陶,培养自觉的审美意识和高尚的审美情操,培养审美感知和审美创造的能力。"诗歌教学是小学语文教学的重要内容,能提高学生的审美素养,能培养学生的诗性智慧,能涵养学生的人文精神。选入小学语文教材中的诗歌,贴近儿童的认知心理,关注儿童情感和生活体验,在发展儿童语文能力的同时也能带给他们心灵的滋养和美好的享受。

诗歌教学的要求

学段	具体要求
第一学段	诵读儿歌、童谣和浅近的古诗,展开想象,获得初步的情感体验,感受语言的优美
第二学段	诵读优秀诗文,注意在诵读过程中体验情感,展开想象,领悟诗文大意
第三学段	阅读诗歌,大体把握诗意,想象诗歌描述的情境,体会作品的情感。受到优秀作品的感染和激励,向往和追求美好的理想

【案例1】

《九月九日忆山东兄弟》

师:现在我想请同学们做我的老师,考考我。考我什么呢?考我的判断能力。这个问题估计举手的人不会太多——同学们喜欢过节吗?

生:喜欢。

师:看来一切轻视和担忧都会让人的判断力下降为零。

师:一年中有许多节日可以过,能跟老师说说你们喜欢过的节日是什么吗?

生1:我喜欢过春节。

生2:我喜欢过圣诞节。

师:这回我要增加点难度了,为什么它是你的最爱?实话实说,有一说一就行了。

生3:我喜欢过儿童节,因为儿童节仅属于儿童。

师:时代少年,很有现代的气息,你喜欢的节日也有现代气息。

生4:我喜欢过端午节。因为有很悲壮的历史,如屈原的故事等。

师:你说得非常好,这是一个传统节日,已经有几千年的历史,它已经成为一种文化,在未来的几千年里,人们仍会承袭它。还有吗?

生5:我喜欢过圣诞节,因为……

师:中国人喜欢过洋节啊,这也没错,这说明你的视野很开阔,用包容心态去接纳一切美好的东西。同时还要记住——我们是中国人。

师:还有吗?就说到这里,马上就要上课了,整理一下心情。

导入

师:同学们,对于王维我们有一些了解,对吧?

生:是。

师:他除了有"寒山转苍翠,秋水日潺湲"的诗情与画意;除了有"行到水穷处,坐看云起时"的清闲与淡定;还有怎样的情感世界呢?今天,让我们再一次走近王维,走进他的一首倾情力作,走进一个流转不息、亘古未变的传统佳节。

二、初读

师：谁来读读课题？

指名读。

师：我们要特别注意这个"忆"字，"忆"就是——

生：怀念的意思。

师：这是一个很有感情色彩的词语，能换一个吗？

生：思念。

师：既然是"怀念""思念"，我们在读的过程中就应该读得绵长而深邃一些。谁来试试？

生读。

师：好多了。谁还愿意来读？

生读。

师：谁来说说这首诗的题目是什么意思呢？

生：诗人在重阳节思念太行山以东的兄弟。

师：很好。刚才你说"山东"是指哪里？

生：太行山以东。

师："山东"是大家耳熟能详的山东省吗？

生：不是。

师：此山东非彼山东，乃太行山以东。

师：带着这种感觉来读课题。

生读。

师：这首诗大家并不陌生，甚至有的同学能背诵下来，怎样才能读出一点新感觉呢？请同学们先练练。

生练。指名读。

师：听他的朗读你们有感觉吗？

生1：只有一点点。

生2：我有一点感觉，有一点悲哀。

师：老师没有感受到。没关系，谁再读读看？

指名读。

师：他似乎在向我们传递一种感情信号。谁能说说看？

生：说明了王维十分孤独，内心十分悲哀，很想找个兄弟来陪自己。

师：但是老师想和大家说的是真实的感受。老师觉得他在读书的时候释放出来的情感信号还不是很强烈。怎样才能把这首诗读得更有感觉呢？同学们可以结合书下的注释想一想这首诗的大意是什么，然后想想你能说出这首诗的大意来吗？可以吗？开始。

生自学。

师：谁来说说，可以是整首诗，也可以是一两句诗，甚至一个词的意思？

生：我说整首诗的意思。我独自一人身处他乡，感到十分寂寞。每当重阳节时，我更加思念亲人。在他乡，我想到了太行山以东的亲人，他们正在登山，插上茱萸，但唯独少我一个人。

师：说对了吗？

生：说对了。

师：言简意赅，表达清楚。掌声。

师：带着这种感受再来读读看。

生读。

师：感觉就是不一样。有感受吗？

生：有。

师：谁还愿意来说一说？

生：我独自身处他乡，是十分寂寞的。每当美好的节日来临，特别思念家乡。遥望家乡，仿佛看到兄弟们正登上高处，插上茱萸，散发着芬芳，但唯独少我一个人。

师：都插着茱萸，你是从哪一个字读出来的？

生：遍。

师：你带着这种感受再来读读看。

生读。

师：掌声。

师：同学们，把目光聚焦到"佳节"这个词上来，佳节佳节，顾名思义，佳节就是——

生：佳节就是美好的节日，也指家人团聚的日子。

师：佳节就是美好的节日，平常的日子称为"好"，"好日子"，节日更好就是"佳"了。本课的佳节就是——

生：重阳佳节。

师：说得很好。老师想问问大家，你们是怎样过重阳节的？（个别同学举手）

师：老师看到只有几个同学举手，后来又有几个举起手来。老师要说的是，不要配合老师，你们真的过过重阳节吗？

生：一早的时候，我的外婆和外公就排在点心店的门口，在那里买重阳糕，然后，他们都说重阳糕不是很贵，但这是老人的一种安慰。

师：我想你比老师幸运多了。我想我们同学大多都没过过重阳节，对吧？

生：嗯。

师：这是什么？这是遗憾，怎样弥补？

生：登山和插茱萸。

师：请选择其中的一个来说。

生：插茱萸。

师：你从哪句知道的？

生：遥知兄弟登高处，遍插茱萸少一人。

师：我们虽然没在重阳之日登高，可平时没少干这事，说说你登高的感觉。

生：心旷神怡，好像进入了另一个世界。

师：说得好呀，简直进入了另一个世界。

生：我的感觉一般般，因为我并没有王维那久别家乡的感觉，我觉得和家人在一起就像一杯白开水。

师：你的感觉是和家人在一起就像一杯白开水，但这杯白开水又是生活中不可少的对吗？谁还愿意说说登高是一种什么感觉？

生：我的心情很高兴，有点得意的感觉。

师：有点无限风光在险峰的感觉。前一段时间秋游的时候我们有没有登高？

生：有。

师：那么回来之后你们干什么？

生：写作文。

师：看来登山则情满于山，观海则意溢于海。同学们，实际上，古人跟我们在登高的时候感觉差不多，实际上就是希望我们能把一切污浊之气踩于脚下，祛灾避邪。刚才有同学说插茱萸，能说说你们对茱萸有了解吗？看注释，谁愿意来读读？

生：茱萸，一种有香味的植物，古人在重阳节登高时，把茱萸插在头上或装在小布袋里，认为可以避灾。

师：想看看茱萸吗？

生：想。

课件出示："重阳之日，登高畅游。携茱萸女，插茱萸枝，佩茱萸囊，饮茱萸酒，吟茱萸诗，极尽欢娱之乐。"

师：谁愿意来读读？

生读。

师：这就是大家不太知道，古人却喜爱备至的茱萸。它不单单是一种植物，已经成为一种重阳文化，就是在这种文化的浸润下，王维度过了一个又一个美好的重阳节。

课件出示：晨曦微露，鸟鸣声声，_____；天高云淡，阳光暖暖，_____；月上枝头，晚风习习，_____。

师：拿起笔来，把你们想到的美好的文字写下来，可以吗？老师给你们的时间是两三分钟。

师：当晨曦微露，鸟鸣声声时，王维会和他的家人做些什么呢？当天高云淡，阳光暖暖，月上枝头，晚风习习，王维又会和他的家人做些什么呢？

（生写话，师巡视）。

生：晨曦微露，鸟鸣声声，王维同家人来到树林里吟诗作对，其乐融融；天高云淡，阳光暖暖，王维同家人去登高，享受那超然物外的感觉；月上枝头，晚风习习，王维同家人坐在树荫下，谈笑风生，不时发出欢乐的笑声。

157

师：好一个超然物外的感觉。

生：晨曦微露，鸟鸣声声，王维和家人漫步在田间小道上，悠然而又安逸；天高云淡，阳光暖暖，王维和家人躺在草地上，顿时隐去心中的无限忧愁；月上枝头，晚风习习，王维一家坐在门口，晚风袭来，真是沁人心脾。

师：感受到了吗？

生：感受到了。

师：岁岁重阳，今又重阳，当这一切美好成为一种回忆的时候，此时的王维又是怎样的境遇呢？

出示：

"年轻的王维孤身一人来到洛阳，人地生疏，举目无亲，语言不通，饮食不惯……"（音乐响起）

师：谁愿意来读读？

生读。

师：重阳依旧，人事已非，此时的重阳节一切美好的回忆被残酷的现实无情地击碎，在王维的眼中此时的重阳节没有了太多太多。

出示："虽然还是晨夕微露，鸟鸣声声，但是没有了＿＿＿＿；虽然还是天高云淡，阳光暖暖，但是没有了＿＿＿＿；虽然还是月上枝头，晚风习习，但是没有了＿＿＿＿。

师：请你们再一次拿起手中的文字，这次只是增加了几个字。

生：虽然还是晨曦微露，鸟鸣声声，但是没有了王维同家人来到树林里吟诗作对，其乐融融；虽然还是天高云淡，阳光暖暖，但是没有了王维同家人去登高，享受那超然物外的感觉；虽然还是月上枝头，晚风习习，但是没有了王维同家人坐在树荫下，谈笑风生，不时发出欢乐的笑声。

师：没有了太多太多。

生：虽然还是晨曦微露，鸟鸣声声，但是没有了王维和家人漫步在田间小道上，没有悠然和安逸；虽然还是天高云淡，阳光暖暖，但是没有了王维和家人躺在草地上的情景；虽然还是月上枝头，晚风习习，但是没有了王维一家坐在门口，没有了晚风袭来，没有了沁人心脾。

师：你是一个应变能力很强的学生。大家听清楚了吗？

师：在王维的眼中没了太多太多。而此时的王维有的是——

生：独在异乡为异客，

师：他还有的是——

生：每逢佳节倍思亲。

师：他有的是——

生：遥知兄弟登高处，

师：他还有的是——

生：遍插茱萸少一人。

师：节日有变吗？

生：没有。

师：变的是人的——

生：心情。

师：当节日成为一种回忆的时候，作者只能寄情于文字来宣泄自己难平的心绪。请同学们再把目光关注到这首诗上来，28个字，简简单单，清清爽爽，你觉得哪7个字向我们传递出一种强烈的情感信息？

生1：独在异乡为异客

生2：每逢佳节倍思亲。

师：但是你们的情感还不够强烈，再强烈些。

生再读。

师：谁能读得更强烈些？

再指名读。

生：王维为什么会在重阳节的时候更加思念自己的亲人？

师：为什么？为什么作者在重阳节的时候就这么想念家中的亲人呢？不急，请你们再默读第一句或第三、四句，你们可以抓住诗句中触动你们的字眼儿想开去，再想开去，然后在句旁或词语旁简单批注，一会儿我们交流。

生默读。

师：这是为什么？

生：我从第一句中的两个"异"可以看出，王维已经没有了昔日的欢乐，没有了朋友的掌声，留给他的只是悲伤与孤独。

师：读出了一个孤独。会写这个词吗？

生：会。

师：把它写到黑板上。

师：这一句还有想谈的吗？

生：作者的童年有很多快乐，没有忧愁，而此时却反了，作者心里有着无限的忧愁，没了快乐。从这句话我想到了《乡愁》。《乡愁》讲了余光中思念家乡。

师：王维一定没读过余光中的《乡愁》对吗？

生：嗯。

师：但余光中一定读过王维的《九月九日忆山东兄弟》，相信吗？

生：嗯。

师：带着这种感觉来读读这句。

生读。

师：同学们，还不够，再想开去。我们大家想，王维独在异乡，身为异客，他会与当地人有哪些差异呢？

师：我们再来读读第一句。

生齐读。

生：我想到了可能饮食习惯不同，可能他们习俗不同。他和当地人相处得不是很融洽。

师：所以就倍感——

生1：孤独呀。

生2：他们的语言不一样，交流不起来。

师：交流也不一样对吗？想象一下，人家在过重阳节时，会是——

生：非常快乐的，一家人和和美美的。而王维只有一个人，非常的孤独，当路过别人家窗前的时候，两眼泪汪汪的。

师：两眼泪汪汪呀。说得多好呀。节日是别人的。王维看到别人的现在，实际上能不想起自己的过去吗？

出示："忘不了晨曦微露，鸟鸣声声，＿＿＿＿；忘不了天高云淡，阳光暖暖，＿＿＿＿；忘不了月上枝头，晚风习习，＿＿＿＿。"

师：孩子们，再一次拿起你们手中写下的文字，又是换了几个字，这次我换几个同学。谁来读读看？

生：忘不了晨曦微露，鸟鸣声声，王维与家人谈天说地；忘不了天高云淡，阳光暖暖，王维与儿子在草地上晒太阳，讲文学；忘不了月上枝头，晚风习习，王维与家人吃着重阳糕，回忆往事，快乐不已。

师：是呀，多好呀。就这样谈着，就这样躺着，就这样吃着，假如王维有儿子，他会很幸福的。

生：忘不了晨曦微露，鸟鸣声声，那刚蒸好的重阳糕，孩子们佩戴着香囊，欢快地跳着；忘不了天高云淡，阳光暖暖，王维一家在路上谈笑风生；忘不了月上枝头，晚风习习，他们登上了高处，一边赏月，一边作诗。

师：我发现她的声音有些低沉，似乎在向自己倾诉着什么。是呀，此时的王维只能把自己内心的想法说给谁呀？

生：自己。

师：世态炎凉，人生百味，无人倾诉呀。他此时太——

生：孤独了。

师：于是他只能发出这样的叹惋——

生："每逢……"

师：同学们继续交流。

生："遥知兄弟登高处，便插茱萸少一人。"我从"少一人"看出王维很孤单。因为以前每逢重阳节王维也会和家人一起共享天伦之乐。但这里的"少一人"就是今年的重阳节少了王维一个人，他在陌生的地方，见不到亲人，也享受不到这份天伦之乐，所以他很孤单。

师：享受不到一家人的其乐融融，带着这种感受来读。

生读。

师：读得好！谁还愿意来谈谈？

生：因为有遗憾，所以在重阳节时想起故乡的习俗，兄弟们登高望远时会陡然有遍插茱萸的遗憾，抒发了作者漂泊异乡的孤单之情。

采用了直接描写和间接描写相结合的手法，前两句直抒思乡之情，后两句则间用重阳习俗道出了"独"和"异"的感情。

师：你不但谈了这首诗的内容和情感，还关注到了这首诗的写法。你说遥想兄弟们会登高插茱萸，同学们再想开去，兄弟们在重阳节还会做些什么？想些什么？又说些什么？

师：再读后两句，读读就有感受了。

生读。

生：我觉得兄弟们会坐在一起说往事和趣事，他们还会笑呵呵的。

师：笑呵呵的，可是这个时候却少了王维，还能笑得出来吗？那兄弟们还会想起什么？说些什么？

生：兄弟们会想起王维，想起他十七岁的时候就走了，他们会说好遗憾呀！

师：他们说的是一份遗憾呀！谁愿意来说？

生：他们以前经常会在一起吟诗作对，而此时王维不在，他们都很怀念他，他们还会留下一杯酒，放到王维以前坐的那个位置上。

师：见物思人，触景生情。还给王维留了一壶酒。

生：（先读后两句）他的兄弟们可能会遥望着王维去的那个方向，没有了以前的那种谈天说地、把酒言欢，两眼泪汪汪地坐在那里，然后会不停地说，今年的重阳节少了王维一个，不由得感到寂寞。

师：你看到的是兄弟的两行清泪呀。兄弟的感受被你读出来了，被老师感受到了，王维能不能体会到？

生：能。

师：这叫天遥地远，息息相通。正是因为知道你思念着我，所以我才会更加思念你。再来读读后两句。

生读。

师：少一人，少的仅仅是一个吗？对王维的家人来说，少的是什么呢？

生：对王维的家人来说少了一份快乐，少了一份温馨。

师：我们可以说得再详细些。对王维的父母来说就少了_____，对王维的兄弟来说就少了_____？

生1：对王维的父母来说就少了一份体贴，对王维的兄弟来说就少了一份关爱。

生2：对王维的父母来说就少了一份孝顺，对王维的兄弟来说就少了一份亲情。

师：除了父母，你们还要对他的什么说说？

生：对他的妻子说说。

师：假如他有妻子，会怎么样？

生：对于他的妻子来说少了那些夫妻恩爱。

师：就是少了一份依靠。假如他有儿女，对于儿女来说，就少了一份_____？

生：少了一份负责，生活中对儿女的责任。

师：对呀，说得多好呀。对于儿女来说少了一份疼爱。这么多的少了，对于王维来说是少了一份应尽的责任呀。这个"责任"用得好呀！该尽的责任没有尽，该尽的义务没有尽，想想看，这对于王维来说，这多的是什么？

生1：多了一份忧愁。

生2：多了一份悲哀。

生3：多了一份寂寞。

生4：多了一份对亲人的思念。

师：该尽的义务都没有尽，这种思念是带有一种_____？

生：惭愧。

师：会写这个词吗？请你写在黑板上。

生：多了一份乡愁。

师：就带着这种感受读——（生读）

师：王维仅仅是在过节的时候思念亲人吗？

生：晚上睡觉睡不着时，会思念亲人。在伤心的时候，也会想起亲人来。

师：经常思念还不够。

生：当王维看到别人和父母在一起的时候，就会倍感孤独。

师：还不够。

生：他在饮酒的时候，会想起自己的兄弟；他在作诗的时候，会想起他的妻子在旁边给他磨墨；他在吃饭的时候，少了一家人的和睦；他在睡觉的时候，少了妻子的陪伴；他考试的时候，会想起父母对他的教育。

师：太多太多，带着这种感受读——

生：每逢佳节倍思亲。

师：书读到这里，你们有没有什么问题想问一问王维？

生：为什么你这样思念自己的亲人还不回家呢？

师：问得好。王维也曾这样问过自己，出示"春草明年绿，王孙归不归？"

师：这位王维，请你来读。

生读。

师：你还不是王维对吗？这位王维你来读。

生读。

师：请你再来读。

生读。

师：这"归"和"不归"对王维意味着什么呢？这"归"就意味着，出示"盛世正逢开口笑，插得茱萸满头归"。

生读。

师：这"不归"对王维又意味着，出示"菊花何太苦，遭此两重阳""不堪今日望乡意，强插茱萸随众人"。

生读。

师：一个是"笑口常开"，一个是"苦不堪言，"假如是你，做何选择？归还是不归？

生：归。

师：说下去，归了就可以_____

生：盛世正逢开口笑，插得茱萸满头归。

师：你认为归就可以怎么样？

生：盛世正逢开口笑，插得茱萸满头归。

师：有没有不同的？朋友好觅，知音难求，你是王维的知音啊。

生：我认为是不归，因为他有更大的事情要做。王安石曾经写下一首诗：男儿少壮不立志，人老了就什么都没了。

师：来看看，同学们。

出示：五年后，开元九年，王维高中进士，后官至尚书右丞。

王维诗画双绝，世有"李白是天才，杜甫是地才，王维是人才"之说，他的诗，诗中有画；他的画，画中有诗。

指名读。

师：想归啊，但不能——归，这是一种煎熬，更是一种隐忍。（板书）

师：是一种历练翅膀的隐忍，就是为了这份隐忍，读——

生读："每逢佳节倍思亲。"

师：往事越千年，沧海桑田，王维早已经不在了，他的诗句却永远存在着，千古传诵。

生读：前两句。

师：在这传诵中有我的声音，也有你们的声音，因为它已经融入我们的血液里，任何语言也不可替代。

生读后两句。

师：下课。

【评析】

一、重视语文实践

教学要注重培养学生的语文核心素养，注重培养学生听说读写的能力。诗歌优美的语言、动人的意象、美好的意境，能够启发学生想象，感受美好的情愫，带给学生审美的愉悦。虽然是一首学生早已耳熟能详的古诗，老师在引入学习后也一再强调学生读，要求学生读出些新意，结合注解边读边悟，读得更加有感觉。课堂上，老师设计的三次"写"，学生一定难以忘怀。虽然只是让学生写了一次，但把这三次不同层次的写，浑然融为一体，把听、读、写、悟很好地结合在一起，大量的语言实践活动，对学生语文核心素养的培养大有裨益。

二、重视情感引领

文章不是无情物,每一篇文章,字里行间都渗透着作者真挚的感情。老师不仅引领学生感悟到了作者身在他乡的孤独,还有对家人那份深深的愧疚,以及他那份隐忍之志。课堂上老师引领学生走进佳节,体会节是人非,不变的虽然是节日,但作者心情改变,眼中的节日自然也就不一样了。在这变和不变中,让学生感悟作者的孤独,作者对家人的愧疚。再由愧疚引发学生质疑:书读到此,你有什么话想问王维吗?为什么你不回去?在学生一声声的质问中,出示:"春草明年绿,王孙归不归?"这归对王维意味着什么?这不归对王维又意味着什么?让学生体会到不归对于作者来说是一种隐忍,才有了"五年后,开元九年,王维高中进士,后官至尚书右丞";有了后人"王维诗画双绝。他的诗中有画,他的画里有诗";有了"世有李白是天才,杜甫是地才,王维是人才"的王维。学生对诗歌抒发的情感有了深切的理解,看似平常抒发思乡情怀的诗,原来有着如此之深的意味,不经过这样的联系,不是由浅入深的感悟,哪里能有这些感受?

三、重视课堂整合,润泽学生心灵

一首诗,短到只有二十八个字。一首诗,熟悉到学生在学前都能吟诵。但老师没有将学习的内容停留在学生已有的认识上,而是用多种形式和方法,翻新地让学生去读,去悟,有效地整合学习内容。如对"茱萸"的认识、了解让学生进一步加深对重阳节的习俗了解。出示"春草明年绿,王孙归不归",巧妙地引出"归"和"不归"的问题,归对作者意味着"盛世正逢开口笑,插遍茱萸满头归";不归对作者意味着"菊花何太苦,遭此两重阳""不堪今日望乡意,强插茱萸随众人";以及关于王维的资料,及后人的评说,都让学生对王维,对其诗文有了进一步的感悟。内容的整合丰富了学生的文化知识,加深了对诗歌主旨的理解,形式的整合,增加了学生的语文实践活动。

【案例2】

《望天门山》片段

师:在安徽省当涂县有一处雄奇秀丽的景色,同学们想去看看吗?

生:想,是什么呀?

师:早在唐朝时,大诗人李白来到这里,写下了流传千古的《望天门山》一诗,现在请大家随着李白一同去游览长江吧。

利用多媒体展示给学生的是:李白兴致勃勃乘船顺江而下欣赏天门山一处奇特景象,配乐,李白诵诗:天门中断楚江开,碧水东流至此回。两岸青山相对出,孤帆一片日边来。

欣赏结束。

师:你们游览了天门山的景色,有何感叹?

生1:天门山真雄伟啊!

生2:长江真浩瀚啊!

生3:天门山真险峻,这里的江水波涛汹涌可谓奇观。

生4:这里的景色真美,真是画中有诗,诗中有画。

生5:李白很有才华,作了这么美的诗。

师总结:大家看得仔细,说得更好,你们从不同的角度理解了诗中内容。

师：想象"两岸青山相对出，孤帆一片日边来"的画面。

生1：东西两山是高大的山峰，怎么能用动词"出"呢？

生2："出"在这儿是什么意思？

师：你们提出的问题，正是理解的难点所在。

师：把这句诗改为："两岸青山相对立"好不好？

学生个个摇头，表示不赞成。

师：为什么不好，用"出"字有何绝妙之处？

学生苦思冥想，却张口结舌。

师：请大家再来欣赏课件。

学生看到诗人在茫茫长江之上，孤帆顺流而下，远处天门两山映入眼帘，显现出愈来愈清晰的身姿，这时"两岸青山相对出"的感受就非常突出了。

生1："出"比"立"好，"立"给人感觉呆板，而"出"给人感觉活跃。

生2："出"表现诗人在行舟过程中由远到近看到天门山的样子。

生3："出"给了我们动感，天门山由远到近，由渺小到高大，显现在我们眼前。

师总结：是啊，李白不愧被后人称为"诗仙"。一个"出"字使本来静止不动的山带上了动态美，更让我们融入诗的意境中。让我们带着感情朗读这首诗。

学生反复诵读，感情升华。

【评析】

一、创设教学情境，欣赏诗歌风格

营造教学情境能够产生多种作用，该案例利用多媒体播放视频，李白乘舟而下，在古典音乐背景下诵诗的情景，一下子就将学生带入诗歌的意境中，对于诗歌描写的景色，诗人的形象都有了形象的认识，产生了极强的画面感，发出了由衷的赞叹。接着让孩子们反复朗读《望天门山》这首诗，说说这首诗给自己留下什么样的感受？孩子们结合诗人的风格，体会到了这首诗的基调：壮观。

二、通过炼字感悟诗歌意境，突出了诗歌的教学重点

案例中，学生质疑，发现难点，教师对难点适当点拨，抓重点字理解这首古诗，感悟这首诗的非凡意境。让学生从"出"字中体会诗人敏锐的观察力，精练的语言，更让学生从侧面感受到天门山的形态美。这个"出"字，让学生真正融进古诗中，融进意境中，感受到诗人激越的创作情绪。在老师的引导下，他们既说出了天门山的险，又谈到了楚江的汹涌，感受到诗歌用词的精妙，学到了鉴赏诗歌的方法。

【案例 3】

《饮湖上初晴后雨》

师：同学们，宋代有三位鼎鼎有名的文学家，知道他们是谁吗？

生：知道。他们是苏轼，苏洵，苏辙三父子。

师：三父子中成就最大的是苏轼。今天我们一起来学习苏轼的一

首诗，请大家把全诗轻声读一遍，看看能不能大体了解这首古诗写了什么。

学生自读后汇报。

生1：这首诗好像写的是西湖的景色。

生2：这首古诗描绘了西湖的美景。

师：你们都说得很对，这首古诗写的就是杭州西湖的景色。写的是什么时候的景色呢？我们一起来朗读课题。

师：谁能说说自己对诗题的理解？

生1：苏轼在西湖上饮酒，遇上了先晴天后下雨的天气。

生2：苏轼乘着游船在湖上饮酒，看到西湖由晴天转雨天的景色。

师：我觉得他们的理解符合诗题的原意，同学们有别的想法吗？

无人发言。

师：请大家比较一下，这两位同学的解说在语句上跟原文有啥不同？

学生思考，议论。

生1：他们的解说把词的顺序调换了，"饮湖上"调换成"在湖上饮酒"。

生2：他们补充了一些词语，"遇上""看到"等，都是他们增加的。

生3：他们还把一些今天不常说的词语换成了常用的词语，"初"换成了"先"。

师：这几位同学说得真好，阅读古诗有些方法，刚才大家总结出来的"调""补""换"，就是最基本的方法。

师：诗题告诉我们古诗写的是西湖晴天和雨天的景色，现在请大家再小声地读四行诗句，注意读准字音，看看哪句写晴天景色，哪句写雨天景色。

学生自由阅读。

生：第一句写晴天景色，第二句写雨天景色。

师：你怎么看出来的？

生：第一句有个"晴"字，第二句有个"雨"字。

师：你读书真仔细。

师：请同学们细读这两句诗，有不懂的词语，可以看注释，也可以翻字典、辞书，读完后用我们刚才总结的方法，谈谈对这两句诗的理解。

生：晴天的西湖波光闪动，很美，正适合人们游玩欣赏；雨天的西湖山色迷蒙，也很奇妙。

师：能给大家说说"潋滟""方""空蒙""亦"的意思吗？

生："潋滟"就是"波光粼粼，非常耀眼"；"方"是"正好"；"空蒙"就是"时隐时现，朦朦胧胧"；"亦"是"也"。

师：你能像刚才那样，先着重解释一些较难理解的词语，然后再解说诗句吗？试试看。

生："潋滟"，波光粼粼，非常耀眼；"方"，正好；"空蒙"，时隐时现，朦朦胧胧；"亦"，也。晴天的西湖波光闪动，水面上仿佛撒下了碎金子，真美，正适合人们游玩欣赏；雨天的西湖山色迷蒙，像隔着一层纱，缥缥缈缈的，看不清楚，这也很奇妙。

师：多美的西湖，要是你也像诗人一样在湖上荡舟游玩，你还可能看见什么？

生1：成群结队的鱼儿在水中嬉戏。

生2：一只只游船在水面漂荡。

生3：湖岸上，杨柳甩着长发，鸟儿在轻声歌唱。

生4：雾气蒙蒙的山上，高高的白塔时隐时现。

生5：庙里的钟声不时传到湖上，仿佛来自天外。

师：真是杭州城外西湖美，午后钟声到游船。

生：哈哈哈。

师：苏轼用他的生花妙笔给我们描绘了两幅明显不同但又同样美妙迷人的图画，再加上同学们的想象，西湖景色就显得更加多姿多彩了。西湖有如此奇妙的景色，身临其境的苏轼自然是满心喜悦，我们面对这样的美景，又会是怎样的心情呢？

生：当然也很喜悦很兴奋了。

师：好。下面就请朗读这两句诗，尽可能地把你们的喜悦、兴奋之情表达出来。先自己小声读，然后同桌互读，你读我听，我读你听，汲取对方的长处。

学生自读后同桌互读，个别学生读给全班听。

师：我们在读诗的时候，边读边想象，头脑里展现一幅画面。读古诗要读出韵律美，要注意节奏和韵脚。

学生再读后齐读。

师：苏轼前两句诗把一个美丽的西湖写得形态兼备，富有灵气，富有活力，那后两句诗又描写了怎样的一个西湖呢？请同学们小声读这两句，读完后谈谈你的体会。

学生自读。

生：后两句诗，我的理解是这样的：欲，想；西子，西湖；宜，合适。诗句的意思是，我真想把西湖比作美女西施，因为她无论是雨天着淡妆，还是晴天化浓妆，都很合适，都很美。

师：你在"淡妆浓抹"之前加了"雨天"和"晴天"。为什么要加？

生：西湖在雨天颜色单调，才能说淡妆；晴天阳光灿烂，才能讲浓妆。

师：你的思考很严密，这一层意思连老师也没有想到。

生：加上这两个词，更能让人看出后两句诗和前两句诗，还有诗题，都有紧密的联系。

师：啊，你的发言真有见地。从这里，我们可以看出，苏轼的诗，不仅画面美，词句奇，结构也很巧妙，全诗以"晴"和"雨"为线索，描绘景色，抒发情感，题文照应，前后照应，环环相扣，一气呵成，天衣无缝，即使在使用比喻时，也不忘紧扣主线。

师：不过，老师有一点总想不明白，想求教大家：诗人为什么把西湖比作西施？请大家在小组内议论一下。

学生议论。

生1：因为西湖和西施都很美。

生2：西施是一种天生的美，不管淡妆也好，浓妆也好，都很美。西湖是自然美，晴天，光彩照人，很迷人；雨天，清纯秀丽，也很可爱。西湖和西施非常相似，所以把西湖比作西施。

师：还有别的说法吗？

生3：西施是浙江人，又是名人和美人，西湖也在浙江，是美景和名胜，用本土的名人美女比喻本地的美景名胜，二者相互照应。

师：相互照应，相得益彰，真是奇思妙喻，不愧为千古名句。

生：用西施比西湖，这是苏轼的故乡情结。

师：故乡情结？请说得详细些。

生：每个人都热爱自己的家乡，为家乡有名人、名胜感到骄傲。

师：可苏轼不是杭州人呀。

生：苏轼不是杭州人，可因为对王安石的变法有意见，就被朝廷贬出京城，先贬到湖北的黄州，然后贬到浙江的杭州。他在杭州办了许多实事好事，把杭州当作自己的第二故乡。他为第二故乡有西施这样的美女，西湖这样的美景而骄傲自豪，所以写诗时就把二者合起来构成比喻，既抒发了情感，又宣传了西湖，宣传了杭州，宣传了浙江，真是一箭双雕。

师：苏轼不仅会写诗，还能做广告。"欲把西湖比西子，淡妆浓抹总相宜"，真是绝妙的广告词，千百年来，不知吸引了多少人到杭州西湖游玩！眉山有名胜瓦屋山，也有名人苏东坡，我们能将二者联系起来也来一句广告词吗？

学生思索片刻。

生：欲把瓦屋比东坡，红装素裹总相宜。

师："红装素裹"怎么说？

生：春天和夏天瓦屋开满了红杜鹃，这是红装；秋天和冬天，瓦屋满山苍翠，就是素裹。

师：可惜苏轼不是美女而是帅哥，着红装怕不太相宜吧。

生：东坡把酒吟瓦屋，红装素裹总妖娆。

师：这下好了，把东坡和瓦屋的特点都凸显出来，有创意。

师：同学们，在不知不觉中，你们已经进入了读诗的第二种境界。读出了诗外之意。祝贺你们。让我们像苏轼一样，带着自豪喜悦之情一起来朗读这两句诗吧。

师生齐读。

师：《饮湖上初晴雨后》是一首脍炙人口的古诗，传诵几百年，影响很大。同学们，你们对这首诗有什么看法或想法没有？要是有就说来听听。

生：这首诗前两句直接描写西湖的景色，后两句用比喻手法，间接表现西湖景色的美丽与迷人，鲜明地突出了西湖的特点，抒发了诗人对西湖的赞美和热爱之情。

师：白描与含蓄组合，景物与情感交融，铸就古诗的辉煌。随着这首诗的四处传诵，西湖便成了闻名遐迩的旅游胜地。让我们像苏轼一样，带着对西湖的赞美和热爱之情再读这首古诗，熟读成诵，把它永远记在心里。

学生读背。

【评析】

一、自主赏读，感悟诗意

新课程提倡自主、合作、探究的学习方式，本课堂从诗题的解析到诗句的解读，从词语的解释到诗意的理解，从写诗的背景到读诗方法的概括总结，基本上都是由学生自主进行的，教师讲得很少，提问也不是很多，大部分时间都留给学生自主阅读、思考、交流、想象和拓展，学生真正成了学习的主人，能够主动探究诗意。

二、启发想象，提升审美

想象力是开启学生思维的金钥匙，老师适时地启发学生想象，如"多美的西湖，要是你也像诗人一样在湖上荡舟游玩，你还可能看见什么？""我们在读诗的时候，边读边想象，头脑里展现一幅画面"。这样的引导都能激发学生的想象力，学生思如泉涌，用精美的语句表达了自己的理解，审美能力得到提升。

三、点拨方法，水到渠成

更值得关注的是，教者不仅让学生轻松地读懂了古诗，而且引导他们掌握阅读古诗的基本方法。有了科学的方法，阅读古诗就顺畅轻松，就能深刻理解诗歌营造的意境，就能真切体会诗人抒发的情感，就能饶有兴趣地欣赏诗文的生动和优美，就能大胆地展开想象的翅膀，驰骋思维的骏马。更重要的是，拥有方法，不仅能学好这首古诗，还能学好更多的古诗，甚至能阅读浅近的古文。方法是知识与能力之间的桥梁，有了方法，学生就能将知识转化为能力。有了能力，不仅能把当前的事情做好，还能触类旁通，纵横迁移，自主解决新的问题，实现持续发展。这样的教学，才算得上达到了"过程与方法"的目的，才有可能达到"不教"的境界。

教者不是"授人以渔"，而是"导之以渔"。老师没有把学习方法直接灌给学生，而是引导他们循序渐进地发现总结自己的实践经验，逐步上升为理性认识，并在实践中加以运用，在运用中巩固和熟练。这样的教学能使学生终身受益，是真正的高效教学。

因此，学生学得愉快而又有成就感，他们兴趣浓厚，思维活跃，在理解古诗基本意思的基础上，通过想象和推理，把西湖景色描绘得更加多姿多彩，把一个比喻句演绎得淋漓尽致，让人耳目一新。

第二节　实用性阅读教学案例分析

第三学段要求小学生能够阅读说明性文章，"能抓住要点，了解文章的基本说明方法，阅读简单的非连续性文本，能从图文等组合材料中找出有价值的信息。尝试使用多种媒介阅读"。旨在培养小学生乐于探索，勤于思考的科学精神；初步掌握比较、分析、概括、推理等思维方法，辩证地思考问题，养成实事求是、崇尚真知的科学态度。

小学语文教材中的说明文有两类：一类是介绍性的，用说明的表达方式准确地介绍科学知识和事理、说明事物发展变化的过程，如《赵州桥》；另一类是文艺性的，运用文学的表达方式，以描写、故事、对话等形式来介绍知识，生动活泼有趣，如《琥珀》等。

【案例 1】

《松鼠》教学片段

师：出示图片，这是什么？

生：松鼠。（相机板书）

师：松鼠的外形是怎么样的？

生：美丽。

师：从哪些方面可以看出松鼠是一种美丽的小动物？

生：四肢，眼睛，毛，尾巴。

师：松鼠不仅外形美丽，而且它的生活习性还能表现出它很可爱。

请同学们阅读2、3、4自然段，想一想哪些方面可以看出松鼠是一种可爱的小动物？

生：活动、吃食、搭窝。

师：读了这段你们觉得松鼠怎样？

生：机灵。

师：哪些地方能看出松鼠很机灵？

生1："只要有人触动一下树干，它们就躲在树枝底下，或者连蹦带跳地逃到别的树上去。"可以看出松鼠很机警，敏捷。

生2："晴朗的夏夜，松鼠在树上高兴地跳着、叫着，互相追逐嬉戏。"可以看出它们很喜欢在树枝上跳来跳去。

生3："它们好像很怕强烈的日光，白天常常躲在窝里歇凉，只有在树枝被风刮得乱摇晃的时候，它们才到地面上来。"可以看出松鼠自我保护意识很强，很机灵。

师：谁愿意读出松鼠的机灵劲？

学生个别朗读，教师指导，读得越来越生动。

【评析】

一、注重指导学生掌握阅读方法

"授人以鱼不如授人以渔。"我们应要求学生多阅读，在这个教学片段中，教师要求学生在阅读2、3、4自然段的基础上，思考并回答了松鼠的什么特点，从哪些方面表现了松鼠的机灵。学生不仅要泛读，还要精读，学生通过解决教师提出的问题，掌握多种阅读方法，最后要求学生读出松鼠的机灵劲，这是对朗读的要求。如能将这些阅读方法运用在课外阅读中,常抓不懈,就能持续提升阅读能力。

二、根据小学生的思维特点,促进学生逻辑思维能力的发展

小学生首先发展的是形象思维,在形象思维的基础上逐步发展抽象思维,因此,教师首先出示松鼠的图片,有利于学生更好地感受文字,理解文章说明的事物特征,认识文章说明事物特征的逻辑过程,掌握说明文的逻辑结构。

【案例2】

《赵州桥》是部编版语文教材三年级下册的一篇说明文,它向我们介绍了赵州桥的雄伟、坚固和美观。为我们呈现了赵州桥设计的意义以及创造与修建的智慧,并从建筑艺术角度,介绍了中华优秀的传统文化,渗透了民族自豪感和爱国情绪。课文简洁明了,用不同数据介绍了赵州桥的特点,是学生自读、自悟、自得的一篇好课文。

三年级的学生已具备一定的自学能力,理解书本上的字面意思应该不成问题。但在现代技术高度发展的今天,高科技大桥层出不穷。站在这样的高度去透视一千三百多年前的赵州桥,也许学生很难欣赏这座古桥之美。教学时要借助多媒体课件这一直观手段,让学生体悟课文语言,体会到我国古代劳动人民的智慧和才干。

《赵州桥》教学案例

一、赏图入境——观桥

师：这是赵州桥。（用课件呈现赵州桥的近远景图片）看了这些图片，你们想说什么？

生1：赵州桥很美。

生2：赵州桥很坚固。

生3：赵州桥有两个桥洞，没有桥墩。

师：（点头）噢，有的同学已经把赵州桥的建筑特点看出来了。我们还要在课文里学到赵州桥更多的特点。

二、品读感悟——赏桥

师：刚才大家读得都很认真。我们把生字"请"出来，一起来认一认，读一读。哪个小组来当小老师？

（生读生字，并组词。然后带领全班同学读）

生（读生字卡片）：济，安济！

师（纠正）：是安济吗？

生：不是，是安济桥！

师：那么安济桥又是什么桥呢？

生：赵州桥。

师：对，安济桥就是赵州桥。

生（读生字卡片）：匠，石匠。

师：课文中的石匠是谁呢？

生：李春！

师：下面老师想欣赏一下各组同学读课文。边读边发现一些新词好吗？

师：你们读得非常整齐。板书：世界闻名。（指着板书）：大家一起把这个词语读一下。

生：世界闻名。

师：谁知道这个词语是什么意思呢？

生1：世界最有名。

生2：全世界最创新。

生3：这桥在世界上是最好的，最古老的。

生4：也是最有名气的。

师：（点头赞许）最古老的桥，那么它有多少年的历史了？

生：1300多年。

师：我们再来相互介绍一下这世界闻名的桥。同桌同学对面读。

学生对读。

师：有感情！我们一起把第二段读一下。

（读到"好处"师引读：这种设计有什么好处呢？生继续按照课文内容读下去。）

师（夸奖）：同学们真厉害，这么长的句子也能读通顺。我们再接下去读。

三、合作探究——议桥

师：读完了课文，大家体会了赵州桥的特点。一定有许多想法。先在小组里讲讲。

（生讨论）

师：现在哪位小组代表来告诉大家你们的想法？

生1：读完这篇课文，我想告诉大家赵州桥有50多米长，9米多宽，可行车，可行人。

生2：如果我在河北，我看到赵州桥一定会把我见到的给记下来。

生3：我看到文章里有一句话，我知道这句话好在哪里。

师：那请你告诉我们。

生3：这座桥不但坚固，而且美观。不但……而且……是递进关系。（师表扬）

生4：我有两个问题，一个是李春叔叔为什么要用石头砌这座桥呢；另一个是，这座桥是怎么样用石头砌成的呢？

师：有没有同学能解答这位同学的疑问呢？

生1：我知道用石头砌会比较坚固。

生2：赵州桥已经有1300多年的历史了，真的很坚固。

生3：我还知道第二个问题。当时人们先在陆地上建好了桥的两端，然后再把石头放在船上，运到桥中建的那段，一点一点地建成的，我是从一本书中了解的。

师：嗯，你的知识很丰富。

生：桥用石头砌成的，又是怎么样把石头固定的呢？

生：我知道，那是用石灰来砌的。

师：谁能根据自学情况来设计一个抢答活动？

（生举手，走上台）

师：你们能用这个字说不同的词语吗？（用粉笔写个"创"）

生1：创举。

生2：创造。

生3：创新。

生4：新创。

生5：创想。

生6：创世纪。

生7：创建。

师：大家都说得非常精彩。还有想主持抢答活动的吗？

生：有（站起来），谁能用"坚"组词？

生1：坚固。

生2：坚持。

生3：坚强。

生4：坚毅。

生5：坚定。

生6：坚决。

生7：坚硬。

师：好。那赵州桥最大的特点是什么？

生：坚固。

四、美文赛读——赞桥

师：大家已经非常了解这著名的古桥了，让我们通过朗读课文来美美地夸一夸赵州桥吧！

（生有声有色地读课文）

五、拓展交流——梦桥

师：夸得好！我看出赵州桥已进入你们的心中，想不想了解一下国内外现代化的桥？

生：（异口同声）想！

师：（播放国内外造型各异的现代化桥梁，配轻音乐）看了后能不能为这些桥设计一些广告语？

生：老师，我提议先画一画我们自己设计的桥，再配上广告语，好吗？

师：你真棒！大家乐意接受这个建议吗？

（教师接受学生提议，调整教学方案，学生进行画桥写桥活动）

【评析】

一、构建开放课堂，加强实践训练

开放式课堂教学的特点是利用教学资源充分引导学生在开放的学习情境中，自由学习、自由发展和自我实现。课程设计以儿童的兴趣和天赋为中心，以学生的主动学习代替被动的学习。在案例的整个教学流程中，学习活动始终在一个自主的空间里进行，并有着十分强的开放性。课堂既给了学生一个宽松、愉悦的学习氛围，又使学生在赏析、感悟中不知不觉地完成学习目标。首先用课件呈现赵州桥的图片，让学生从观赏图片中发现赵州桥的特点，进入文本阅读后赏、读、说、品、想、画、写的活动整合，启发学生在领悟课文的同时合作交流，不断进行发散式思考，不断在表达中完善自己的思维，并从课文联系自身原有知识，得到更深的体验。

二、形象思维与抽象思维比翼齐飞

以形象思维为切入点,展示古桥、今桥的图片,给学生以多角度的直观感受,为学生进一步感知赵州桥的坚固、雄伟、美观提供了很好的视觉支持,在此基础上阅读文本,获得对赵州桥的全面认识,发展了学生抽象思维的能力。

【案例3】

《只有一个地球》是部编版六年级上册的一篇科普说明文,文章写得生动形象,可读性强。课文从宇航员在太空遥望地球所看到的景象写起,引出了对地球的介绍;接着从地球在宇宙中的渺小、人类活动的范围很小很小、地球所拥有的自然资源有限而又被不加节制地开采或随意毁坏等方面,说明地球面临着资源枯竭的威胁;然后用科学家研究的成果证明,当地球资源枯竭时,没有第二个星球可供人类居住;最后得出结论:人类的选择只有一个,那就是精心保护地球,保护地球的生态环境。

《只有一个地球》教学案例

一、谈话激趣,由题导入

师:在浩瀚无边的宇宙中,有一个美丽的星球,它是我们人类的家园,是我们大家共同的母亲。(看视频)齐说:地球这样的家"只

有一个"。(板书课题)

师：是的，我们只有一个地球。那么面对养育了千千万万人类的子孙的地球母亲，你们想对她说些什么呢？（问候、感激、赞美）

二、自主读文，引入中心句

师：作者是怎样赞美地球的？宇航员目睹地球时又发出怎样的感叹呢？请同学们用自己喜欢的方式读读课文，（默读、出声读、同桌读）把有关语句画一画。

作者："地球，这位人类的母亲，这个生命的摇篮，是那样美丽壮观，和蔼可亲。"

宇航员："我们这个地球太可爱了，同时又太容易破碎了。"

师：你们能针对这句话提出什么问题吗？看谁提得最有价值，我们就带着谁提出的问题来学习这篇课文。

学生提出以下问题：

①为什么说地球太可爱了？又为什么说她太容易破碎了？

②课文是怎样说明地球的可爱及其太容易破碎了的呢？

三、自主学习，探究发现

师：同学们提的这些问题非常有研究价值。那么现在同学们就在小组内选择感兴趣的问题和学习方法，共同研究，来解决这些问题，好不好？

展开小组内研究学习，先将有关语句画出来，体会一下再讲一讲。

（一）交流课文中描写地球可爱的部分

师：地球妈妈可爱吗？课文中是怎么写的？

生：据有幸飞上太空的宇航员介绍……和蔼可亲。

师：听了这位同学的朗读，老师也想读，可不可以？

生：我觉得老师读得好，老师把地球的特点读出来了！

师：地球有哪些特点？书上用了哪几个词语？

生：晶莹透亮、相互交错、薄薄的水蓝色"纱衣"、美丽壮观、和蔼可亲……

（二）交流课文中描写地球容易破碎的部分

师：可是，地球是那么的容易破碎，多么令人痛心呀！书上是怎么说的？

生读3、4小节，交流感受。

师：其实，地球就是一个宝库，它毫无保留，无私地提供着各种资源，哺育着我们人类。然而，我们人类又是怎样对待我们的地球母亲的呢？

（出示录像：浓烟，伐木，焚烧，乱倒垃圾，随意排放，大量猎杀生物）

师：看了这些，你们想说什么？

师：能不能根据你们对这部分内容的理解，试着把空白处补充完整，形成一段通顺的话？（投影出示）

我是（　　）资源，（　　）是可以不断再生，长期给人类作贡献的，可是由于人类的破坏，我（　　）不能再生，（　　）造成（　　）生态灾害，如（　　）。

（任选一种资源来填空，引导学生进一步体会关联词语的用法，体会资源的有限、宝贵及其对人类的重要）

生：我是人类生活离不开的淡水，我本来是可以不断再生，长期给人类作贡献的。可是由于人类的破坏，我不但不能再生，还造成严重的生态灾害，如水的污染，鱼儿死亡，人类中毒等。

（播放资料片让学生感受一下什么是一系列生态灾难）

师：当你们了解了我们的地球母亲遭受人类的万般蹂躏和践踏后，还如此慷慨无私，默默奉献的时候，是否更加感受到她的可爱和容易破碎呢？选择自己喜欢的语句和段落有感情地读一读。

师：看到我们可爱的母亲如此容易遭到破坏，而且是我们人类中一些不肖子孙造成的，怎能不叫人痛心？我们该怎么办呢？

生1：我们应该保护地球。

生2：我们应该擦去地球母亲的眼泪。

师：我们要爱护地球，因为我们——（生读课题）

所以，宇航员不禁感叹：地球太可爱了，也太容易破碎了！

现在，我们一起用声音为地球诉说吧。看到地球美丽时，读"我们这个地球太可爱了"；（借手势激发感情：双手捧着地球）当看到地球母亲无私奉献资源时，读"我们这个地球太可爱了"；当地球给人类活动范围越来越小时，读"同时又太容易破碎了"；当人类无节制地开采，随意地破坏时，读"同时又太容易破碎了"……

师：同学们，千言万语，汇成这一句话——（手指课题）

生齐：（大声地）只有一个地球。

师：把这句话深深地镌刻在心底，字字千钧地——

生齐：（低沉而有力地）只有一个地球。

四、延伸课外，感悟实践

师：同学们喜欢《实话实说》的节目吗？现在我就现场插播《实话实说》节目。我就是主持人，同学们就是特邀嘉宾。学了《只有一个地球》一课，此时此刻你们最想说的一句话是什么？可以是一副对联，一句诗，一句格言或者是一声感叹……

在这一环节，同学们把学习这一课的感受用多种表达方式一吐为快。情感发自内心，语言溢于心田，难怪有的学生发出这样的感叹：地球是我们共同的家园，如果我们再继续破坏它，我们将无家可归。

【评析】

一、激发学生阅读兴趣，构建自主学习课堂

新课程改革要求必须发挥学生的主体作用，学生真正成为学习的主人。案例课堂开始激趣引入，多角度读题的方式，大大激发了学生的学习兴趣、好奇心、求知欲和进取精神，是引导学生自主学习的有效方法和途径。学生带着自己提出的疑问去读书、去探索、去研究，去发现解决问题的办法，从而品尝到成功的喜悦。在这一环节中教师激发了学生求知的欲望，引导学生在自读、自学、自评的基础上，小组内研究交流，促进了学生主体作用的发挥和交往、合作意识的增强。

二、用现代阅读理论指导教学实践

现代阅读理论认为：阅读教学是教师、学生与文本的对话过程。根据这一理论，教师让学生在整体感知课文的基础上，找出有关作者及字

航员对地球赞美的语句,并引导学生根据宇航员目睹地球时发出的感叹进行细细的品味,提出疑问,进而认识到地球是美丽的,但资源是有限的,是易于破碎的,所以我们要珍惜资源,保护地球的道理。学生也理解了作者写作本文的意图。这个过程是在教师的启发引导下,学生通过认真阅读文本与作者思想交流的结果。

三、学习语言,培养逻辑思维的能力

语言的感悟是"读"出来的,情感的熏陶也是"读"出来的。教师通过文本引导学生读出味道,读出情感,以读带情,读中生情。在琅琅书声中,学生会用自己的心去拥抱语言,和作者进行心灵的对话;在琅琅书声中,学会用自己的心去感悟文本的深邃思想;在琅琅书声中,学会用自己的心去体会语言文字的韵味。在感受语言的同时,给学生的思维和表达能力充分发展的空间,培养了学生的求证思维能力与语言概括能力。

四、开放的课堂培养学生的人文素养

努力创设开放式的教学,设计《实话实说》栏目,为学生提供一个抒发个人情感,展示自己丰富的语文素养,平等交流与对话的平台。延伸到课外服务于课内,促进课内外结合,提高了学生的责任感和人文素养。

第三节 整本书阅读教学案例分析

小学语文阅读教学旨在"培养学生独立阅读的能力,学会运用多种阅读方法""能阅读日常的书报杂志,能初步鉴赏文学作品"。显然课

本内的课文不能满足学生阅读的需求，语文教师必须认识到整本书阅读的重要作用。整本书阅读是语文教学改革的重要内容，以培养学生语文学科核心素养为核心，整本书阅读对于培养小学生的阅读兴趣尤为重要，同时可以开阔学生文化视野，增长见闻，提高阅读鉴赏能力。

整本书阅读的学段要求

学段	基本要求
第一学段	尝试阅读整本书，用自己喜欢的方式向他人介绍读过的书。养成爱护图书的习惯
第二学段	阅读整本书，初步理解主要内容，主动和同学分享自己的阅读感受
第三学段	阅读整本书，把握文本的主要内容，积极向同学推荐并说明理由

【案例 1】

《小王子》是法国作家安托万·德·圣-埃克苏佩里于1942年写成的著名儿童文学短篇小说。本书的主人公是来自外星球的小王子。书中以一位飞行员作为故事叙述者，讲述了小王子从自己星球出发前往地球的过程中，所经历的各种历险。作者以小王子的孩子式的眼光，透视出成人的空虚、盲目、愚妄和死板教条，用浅显天真的语言写出了人类的孤独寂寞、没有根基随风流浪的命运。同时，也表达出作者对金钱关系的批判，对真善美的讴歌。小王子的故事，蕴含着丰富的人生哲理，让小朋友能够学会爱，懂得爱，付出爱，让爱心温暖童心，传递爱与责任。

《小王子》整本书的课外阅读教学案例

师：请以四大名著书名入题，补充下面的诗句。

入三国，识智勇英雄，一时多少豪杰；奔水浒，结金兰弟兄，一愿生死相许；登红楼，叹儿女情长，一樽还酹江月；随西游，看天地神魔，一心只向西天。

一、导入

有这样一副对联：阅文章知书达理，读名著博古通今。名著既可以滋养我们的生命，也可以启智我们的人生。有这样一本书，人们说它是20世纪流传最广的童话，它已经被译成了四十多种文字，被拍成电影，录成唱片，这本书至今全球发行量已达五亿册，被誉为阅读率仅次于《圣经》的最佳书籍，它就是——法国作家埃克苏佩里写的《小王子》。

这节课，就让我们一起走进这部经典作品，领略《小王子》带给我们的智慧人生！

二、初读：与名著相识

初读《小王子》，也是与小王子的一场相识，首先让我们简单回顾一下小王子那梦幻般奇妙的生命之旅！

1. 简单回顾小王子的游历过程

师：故事的主人公是生活在B612号小行星上的一位孤独、忧郁的小王子，他爱自己星球上的那朵楚楚动人的玫瑰，给它浇水、松土，精心地呵护着她。可这朵带刺的玫瑰喜欢耍些小手段，不太谦虚，有些爱慕虚荣，这使小王子做出了舍它而去的决心。他出发了，分别来到了六个星球。

师：六个星球中，都有哪些人，谈谈你对他们的看法。崇尚权力的国王——爱慕虚荣的人——嗜酒如命的酒鬼——唯利是图的商人——循规蹈矩的点灯人——闭门造车的地理学家。

师：小王子来到的第七个行星就是地球了。小王子在地球上会遇到什么？一条蛇、一个有着三枚花瓣的花朵、一个玫瑰盛开的花园、一只狐狸、一位扳道工、一位贩卖能够止渴的精制药丸的商人。

2. 故事梗概

一位来自遥远星球的小王子，因为与一朵玫瑰花闹别扭，开始了一场星际旅行。他走访了不同的星球，遇见了许多奇奇怪怪的人和事，这让他深感不解。最后，他来到地球，在撒哈拉沙漠遇到了因飞机故障而迫降的飞行员。通过短暂的相处他们成了好朋友。其间，旅行的见闻，与飞行员的交流，以及对狐狸的驯养，使小王子对世界、对生活、对爱与责任有了新的认识。同时，也让葆有童心的飞行员对生命进行了深刻的思考。最终，小王子带着对生命的感悟，在蛇的帮助下，以肉体死亡的方式返回了自己的星球，去照料他深爱的玫瑰花。

三、品读：与名著相会

一本好书需要我们慢慢品读，品读《小王子》，也是与小王子相会的过程，我们被故事中的细节深深感动，也沉思于小王子带给我们的生命感悟。

师：你阅读《小王子》整本书时，故事中最令你感动的是哪个细节或精彩语段，请运用点评法写下自己的感悟，并与同学交流。

四、精读：与名著相知

一本好书更需要我们精读其中的章节，精读《小王子》，也是与小王子相知的过程，这里有很多深刻的哲理需要我们去探寻！

（一）细读故事章节

师：阅读第21章，请概括这一章的大概内容。

小王子遇到了狐狸，狐狸让小王子_____它，并且告诉小王子一个秘密：_____。它叮嘱小王子不要忘记：对被你驯化了的_____你将_____。

狐狸所说的"驯化"是什么意思？（是指建立联系）

驯化容易吗？它需要_____？耐心、规律、责任、仪式、时间

（二）探究深刻意蕴

师：从小王子和狐狸的交往中，我们懂得了怎样的哲理？

狐狸告诉小王子"看东西只有用心才能看清楚，重要的东西用眼睛是看不见的"，要想获得友情，就必须经过"驯化"，创造关系，同时要树立责任感，要对身边的一切负责。狐狸让小王子明白自己的玫瑰和玫瑰园的玫瑰是不同的，看清他的玫瑰是独一无二的，因为他为他的玫瑰付出过。作者在这章里告诉我们，没有爱的世界是一个单调乏味的世界。"人们总是到商店里买现成的东西，但是，没有一家商店贩卖友谊，所以，人类没有真正的朋友。"这是作者借狐狸之口对人类社会的批评。"狐狸"是"纯洁、友情、智慧"的化身。

作品中的形象：

小王子：象征着希望、爱、天真无邪和埋没在我们每个人心底的孩子般的灵慧。

玫瑰：不懂爱情且略有"娇情"的花儿。象征着令人烦恼但又美丽的爱情。

猴面包树：象征人内心某种欲望，如果不能及时发现并消除，这种欲望就会霸占人们的心智，驱使人们走向毁灭。

蛇：小王子来到地球遇到的第一个生物就是蛇，而且也是蛇用自己的毒液帮助小王子回到他的星球。蛇，让人捉摸不透，看似邪恶的化身，最终却帮助小王子离开了地球。蛇象征着恐怖而又捉摸不透的死亡，看似生命的结束却也是另一场旅程的开始。

主旨探究：

通过一颗小星球上的一个小王子旅行宇宙的经历，表达了对人类"童年"消逝的无限感叹。作者以小王子的眼光，透视出这些大人们的空虚、盲目和愚妄，用浅显天真的语言写出了人类的孤独寂寞、没有根基随风流浪的命运。同时，也表达出作者对金钱关系的批判，对真善美的讴歌。

五、深读：与名著相守

我们每一个人心中都住着一个小王子，有人从这本书中读到了"童真"，有人读到了"忧伤"，有人读到了"智慧"……那么，你从《小王子》中读出了什么？

（一）积累一个写作话题

从《小王子》中，我读出了_____（关键词），因为_____。

（二）尝试一个写作拓展

从这些话题中，精选一个关键词，运用《小王子》阅读素材进行写作拓展，形式不限，100字左右。可以是一则书评、一段感悟、几行短诗。

要求：紧扣中心话题；运用书中素材；细节生动形象。

六、课后作业

查阅资料，尝试从不同的角度解读《小王子》，积累一批和作品有关的写作素材，并在今后的写作中转化运用。

【评析】

一、善于激发学生的阅读兴趣

激发学生的阅读兴趣是整本书阅读的主要目标之一，本案例通过精彩的导入引发学生阅读《小王子》的兴趣。中国四大古典名著是学生耳熟能详的作品，由此入题，对比《小王子》也是一部名著，激发学生的阅读兴趣，产生阅读它的强烈愿望。

二、目标明确，方法适合

小学生阅读篇幅较长的作品，往往不知从哪里下手，明确的阅读目标能够起到导读的作用，使学生抓住阅读的重点。按照初读、品读、精读、深读的步骤和方法，学生渐渐走进作品，对人物形象、作品意蕴有所了解，指导学生掌握整本书的阅读方法是一个重要的阅读目标。

三、善于引导学生思考，有利于学生理解作品内容和形象

在每一次阅读中都以问题为导向，学生带着问题深入阅读，边读边思考，对小王子的形象认识趋于深刻，对作品主题意蕴的理解逐步深化。

四、读写结合

读后尝试话题写作和拓展写作,有利于学生深入理解作品,同时也积累了写作的素材,是阅读的延伸与深化。

第五章 表达与交流教学案例分析

第一节 口语表达与交流教学案例分析

语言是人类最重要的交际工具。我国有一句古话："听君一席话，胜读十年书。"美国著名人际关系学家戴尔·卡耐基说："一个人的成功，约有15%取决于知识和技术，85%取决于沟通——发表自己意见的能力和激发他人热忱的能力。"口语交际是人类最重要、最常用的交际形式，能够交流思想，沟通情感。口语交际在现代生活中具有重要地位，文明的交际语言，能陶冶人的情操，提高人们的道德修养，从而起到净化社会环境，促进社会安定团结的巨大作用。

小学口语交际教学是小学语文教学的基本环节，它在小学语文课程中占有非常重要的地位。

口语交际的学段要求

学段	具体要求
第一学段	1. 学说普通话，逐步养成说普通话的习惯，有表达交流的自信心。 2. 能认真听他人讲话，努力了解讲话的主要内容。听故事、看影视作品，能复述大意和自己感兴趣的情节。能较完整地讲述小故事，能简要讲述自己感兴趣的见闻。与他人交谈，态度自然大方，有礼貌。积极参加讨论，敢于发表自己的意见
第二学段	1. 乐于用口头、书面的方式与人交流沟通，愿意与他人分享。增强表达的自信心。 2. 能用普通话交谈，学会认真倾听，听人说话时能把握主要内容，并能简要转述。能就不理解的地方向人请教，就不同的意见与人商讨。 3. 能清楚明白地讲述见闻，说出自己的感受和想法。讲述故事力求具体生动。能主动参与日常生活中的文化活动，根据不同的场合，尝试运用合适的音量和语气与他人交流，有礼貌地请教、回应
第三学段	1. 听人说话认真、耐心，能抓住要点，并能简要转述。乐于表达，与人交流能尊重和理解对方。注意语言美，抵制不文明的语言。 2. 表达有条理，语气、语调适当。参与讨论，敢于发表自己的意见，说清自己的观点。能根据对象和场合，稍做准备，做简单的发言

口语交际素养，不仅涵盖了倾听、表达、应对等交际能力的形成，还涵盖了文明的交际态度和良好的语言习惯。而这些能力、态度、习惯的培养，没有谁能离开生活养成。从牙牙学语叫了第一声"妈"，到长大后在社会中形成或大或小的交际网络，这些，都是人们在具体生活情境中学会的。语言的源泉在生活，口语交际能力的培养在生活。因此我们"要创设交际情境，使学生进入情境，宛如在生活之中，能自然而然地进行交际"。

【案例1】

《口语交际·有趣的游戏》

《有趣的游戏》是人教版实验教科书语文一年级上册的第一次口语交际训练。教材三幅图画了三种游戏：老鹰捉小鸡、贴鼻子、丢手绢。本课教材用图上小朋友的人数提示学生游戏指的是两人以上的集体娱乐活动，从图上小朋友的神情让学生觉得这些游戏多么有趣。该教材有三个内容：

①说说自己做过哪些游戏，从中选出自己最感兴趣的来说说。

②互相说说这些游戏怎么有趣。

③对自己不熟悉的游戏，可以问问同学是怎么做的。

针对一年级小朋友好动及好玩的性格，口语交际的教学在游戏中更容易体现与发挥。这节课就利用游戏来进行口语交际的教学。

教师花十分钟的时间带领小朋友做游戏，让他们玩好，尽兴。然后引入口语交际的教学。

师：小朋友们，你们玩了老鹰捉小鸡、贴鼻子、丢手绢，感觉怎样？（"好玩""有意思"……）

老师顺水推舟：我们今天来进行"有趣的游戏"口语交际课，看谁说得好！

孩子们此时已按捺不住高兴的举止，此时，老师提问：想一想：我们做的三个游戏，哪个游戏最有趣？怎么有趣？（有的说：老鹰捉小鸡最有趣！"因为老鹰抓小鸡，小鸡吓得直叫直跑……"有的说，贴鼻子最有趣，把鼻子贴歪了……有的说，丢手绢最有趣，被小朋友抓住了还唱歌……20多分钟就有好多小朋友发言）

孩子们还介绍了其他游戏，显然孩子们的观察力、创造力、想象力和独立思考的能力都在不知不觉中得到了一定的发挥。

口语交际在愉快的气氛中进行着，课下小朋友们还仿做了这些有趣的游戏。

【评析】

一、寓教于乐，快乐交际

口语交际对一年级孩子来说是个基础，也是个难点。本课在游戏的基础上由谈话导入，激发孩子们的兴趣。带领孩子们做游戏，在玩中学，在学中乐，有益于孩子们的知识接受和能力培养。

二、调动孩子们说话的积极性

让孩子们介绍自己喜欢的游戏，使学生说得自然，交际投入，符合语文课改理念；语文教学要从兴趣出发，同时为孩子们以后的习作奠定基础，潜移默化地训练了孩子们的口语交际能力，也培养了孩子们合作交流的良好学习习惯，引导了他们要做有意义有趣的游戏。课下，孩子们能主动去做这样的游戏。这一课是成功的。

【案例2】

二年级语文上册：口语交际《夸家乡》

一、了解家乡（课前准备）

要夸家乡，不仅要对家乡有感性的认识，还要对家乡有更多深层次的了解。我在上这一节前，布置了学生在家人的帮助下，收集有关家乡的历史、名胜、风景、特产等方面资料的作业。资料的形式可以是文字、图片或照片。可以查阅资料、可以参观游览、可以调查访问。我还在课前组织学生参观学校附近的紫菜加工厂、四季柚果园，使学生积累对家乡更多的感性知识：

①了解家乡的美丽景色。

②了解家乡的特色产品。

③了解家乡的变化变迁。

二、感知家乡

播放《谁不说咱家乡好》的磁带音乐，并出示歌词，学生欣赏：

一座座青山紧相连

一朵朵白云绕山间

一片片梯田一层层绿

一阵阵歌声随风传

绿油油的果树满山岗

望不尽的麦浪闪金光

丰收的歌声响四方

幸福的歌声千年万年长

师：谁愿意来说一说，这首歌是怎样夸家乡的？

师：是啊！谁不爱自己的家乡呀！热爱家乡的心情是一样的，可大家热爱的家乡却是各不相同的。课前，我们已经走进了美丽的家乡，了解了家乡的风光、家乡的变化、家乡的物产。把你们收集到的资料展示出来吧！

三、介绍家乡

（一）交流资料，介绍家乡

学生间相互交流资料内容和获取经过。

师：说说你们找到的是家乡的哪一方面信息，和大家一起分享。

生：我找到了爸爸小时候站在房屋前照的照片，一张是黑白的，一张是彩色的……

师：你找到了以前和现在的照片，进行比较，真了不起。还有没有小朋友，和他一样也带了一些家乡的照片？

生纷纷举起了自己带来的照片。

师：嗯，不错。从你们的照片里我们可以看到家乡的变化。你们说是吗？

……

生1：我到家乡的海边，觉得家乡很美。

生2：家乡的山上长满了果树，我觉得很漂亮。

师：你们介绍了家乡美丽的风光。还有让你们觉得美丽的地方吗？

（学生踊跃地发言）

生：家乡的码头上每天都会有许多的鱼。

师：这是家乡的物产。

（很多生举手）

生1：家乡的山上种满了四季柚，吃起来很甜。

生2：家乡的海边有许多池塘，是养鱼、养虾的。

……

基本分出了几类不同的材料之后，我安排了同类材料的学生，离开座位，组合成了一个小组，有的介绍家乡的海，有的介绍家乡的山，有的介绍家乡的四季柚，有的介绍家乡的变化……同一小组，互相交流，深化对同一主题材料的认识。

师：小朋友们，你们喜欢家乡吗？为什么？

生1：因为，家乡有美丽的风景，有大海，有高山，有稻田……

生2：我喜欢家乡，因为它在大海边，有各种各样的鱼。

生3：因为，家乡田里有西瓜。

师：我们还可以说家乡的变化。

生：家乡的房子都是新盖的……

（教师板书：风光　物产　变化）

（二）设置情境，介绍家乡

在前面交流的基础上，我设计了一下情景，让学生在情境中练习交际，对话：

第一个交际情境：（出示小叮当的头饰）瞧，来了外地的小朋友小叮当，请为他当导游吧！（介绍风光）

生：欢迎你来到我们的家乡。

小叮当：是的，我也很高兴。你给我介绍一下你们家乡的美丽风景吧！

（同桌练习——指名表演）

第二个交际情境：（出示小记者的头饰）瞧，来了位广播站的小记者，他要做一期"家乡物产"的节目，采访对象是在座的同学们。请大家帮忙策划、准备接受采访。（介绍物产）

记者（师扮）：你们家乡物产多吗？都有什么？

（生积极接受采访）

第三个交际情境：（出示老爷爷的头饰）少小离家老大回，乡音无改鬓毛衰。儿童相见不相识，笑问客从何处来？回来一位台湾归来的老爷爷。大家给他介绍介绍家乡的变化？（介绍变化）

老爷爷（师扮）：小朋友们，走了50年了，家乡都变了。

（生为老爷爷介绍家乡的变化。）

选择一个情境，小组表演。

（小组表演——班级反馈）

四、赞美家乡

先是畅想家乡的未来。

师：家乡风光美无比，家乡的物产多又多，家乡的变化真是大！小朋友们，谁不爱家乡呢？小朋友们，再过10年、20年、30年，家乡又会变得怎样呢？

生1：家乡会变得越来越美丽！

生2：家乡的人们会与来越有钱！（生笑）

生3：家乡的房子会越来越多，越来越高……

……

再要求学生把家乡最美的画下来，并写上夸家乡的一段话。（或

由之前收集的绘画,图片整理成以"夸家乡"为主题的画报)

【评析】

一、开放课堂,培养收集信息能力

新教材中大部分口语交际设计的内容都需要在课前做充分的准备工作,才会避免课堂上无话可说的现象,也才能使口语交际中有大量的信息提供交流。由于每个口语交际的设计都与本组专题密切相关,因此在每个单元主题教学的一开始,老师就有意识地结合阅读教学布置各项准备活动。让学生关注家乡的风光,家乡的物产,家乡的变化,让学生在课堂外饶有兴趣地走近了家乡,了解了家乡。

新课标强调教学应不拘泥于课堂 40 分钟,而是需要教师有"课堂教学 + 课外信息"的意识。这就拓宽了语文的课程资源,特别是口语交际内容,多来自生活。"问渠那得清如许,为有源头活水来。"收集到大量有关主题的材料,课内才能谈得活,谈得开。老师在上这一课之前,让学生们以各种方式,各种途径,收集有关主题的不同呈现方式的信息,如:图片、文字、照片,等等。这样做,或大或小,或多或少地培养了学生初步的收集、处理信息的能力。

二、多层情境,多向互动

学生的口语交际能力是在具体的情境实践中培养出来的,创设情境可以激发儿童的形象思维。李吉林老师说:"言语的发源地是具体的情境,在一定的情境中产生语言的动机,提供语言的材料,从而促使语言的发展。"所谓情动而辞发,就是这样一个道理。新课标中也指出教学活动主要应在具体的交际情境中进行。因此，要积极创设情境，创设多层情境，让学生在情境中打开话匣子，侃侃而谈。本案例的第一层情境：交流有关家乡风光、物产、变化等方面的信息。第二层情境：向不同的对象，夸家乡的风光、物产、变化。第三层情境：为家乡作画，做宣传。每层情境设计的难度不同，层层递进，层层铺垫，体现了从句到段，循序渐进的原则。

情境的设计，还体现了交际的多向互动。生生互动：交流收集的材料。师生互动：在第二情境中教师演，学生说。群体互动：学生间的小组合作学习和全班式的集体讨论。多向互动，使语言信息的呈现方式多样化，学生思想交流更活跃，思维碰撞更激烈。

三、激发兴趣，乐于交际，提早作文

伟大的科学家爱因斯坦说："兴趣是最好的老师。"心理学研究表明：在课堂上过分要求学生长时间集中注意力，只能引起他们的思维疲劳和厌烦心理。因此，创设美的情境，激发学生学习兴趣，在口语教学中尤为重要。课堂上创设的多层情境，课堂上组织的多向互动，都让学生们饶有兴趣地参与到了交际中去。

低年级的作文，要提早训练。而最关键的还要体现从说到写的原则。这节课，在学生充分口头表达的基础上，再让学生写，难度降低，学生乐意。并且还是把这些放入画画、剪贴画之中。学生的兴趣不言而喻。

总之，走进生活，情境互动是口语交际的两大法宝。生活越来越丰富的今天，相信会有更多生活中的教学资源走进口语交际课堂。学生也能像是在享受生活似的，享受口语交际的快乐。

【案例3】

人教版四年级语文上册《口语交际·我看到了》

一、情景说明

《我看到了》是人教版语文四年级上册《语文园地二》中的一次口语交际课。这次口语交际趣味性较强，通过比眼力，交流观察感受，学生可以充分体验到观察带来的乐趣。教材中的左图，可以从树上找到隐藏着的10个头像，右上图，从黑白两色中可以分辨出，中间白色的部分是一个杯子，两边黑色的部分是两个侧面头像，而右下图，通过画面进行不同的组合，可以看出两个头像：一个是小女孩，另一个是老妇人。

片段：善于倾听　引导观察

师：今天老师给同学们带来了三件礼物，准备把它们送给课堂上表现最出色的孩子，同学们想得到老师的礼物吗？

（生异口同声地大声回答：想！课堂马上安静下来，大家都用好奇的眼光盯着我，急切地想知道我给他们带来了什么礼物。在孩子们期待的目光中我在黑板上分别展贴了课本上的三幅画）

师：看见了吗？可能有些同学会说：哎呀！不过是三幅画嘛！可是我要提醒你们的是，这可不是三幅普通的画，每一幅里面都蕴藏着奥妙呢！只要你们细心观察就会有意想不到的收获。我们今天要来开展一次有趣的比眼力活动……

生：（迫不及待地）老师，我知道，我看出来了。

（还没等我说完，部分思维活跃的孩子就举起了小手，一副急欲

表达的样子）

师：那好吧！你们说说都观察到了什么。

（为了激发学生的学习兴趣，我没有压制孩子们的表达欲望，抛给了他们一个表达的机会。）

生1：我发现第一幅图虽然乍一看上去是一棵树，但仔细一看，发现树下还有两个外国老人的头像。

生2：第二幅图最简单，我一眼就看出来了两侧阴影是一个人头侧面像，中间白色部分就是一个花瓶。

生3：我看见第三幅画就是一个小女孩的侧面像。

生4：（异口同声地）不是！不是！我还发现第一幅图有三个人头……

生5：不，是五个人头。

（我故做吃惊状。有些学生感到十分疑惑，为有五个人头像而惊讶。生七嘴八舌地讨论开了，我并没有阻止，因为我知道观察和发现之间是有一个过程的，是需要碰撞出思维的火花的。唯一的途径是引导学生掌握一定的方法，细心观察，才会有所发现）

师：同学们，观察一件事物，要有所发现的话，必须善于思考，细心观察，还可以请学习同伴帮忙。我们现在以小组为单位，先独立看图，然后交流自己最感兴趣的一幅画，说说一开始观察到的是什么，后来又发现了什么，是怎样发现的？说说观察后的感受。小组成员当小裁判，在组内评一评：谁发现得最多、最有趣，谁讲解得最清楚、最精彩，评出"独具慧眼"奖和"伶牙俐齿"奖。最后，派最有实力的选手进行全班交流。

（小组活动开始，我在小组间巡视，倾听他们的观点，孩子们时而进行激烈的辩论,时而进行仔细的审视,时而愁眉不展,时而面带笑靥。按照我提出的口语交际的要求,他们在热火朝天地开展小组活动,每个小组的成员都怕落后似的,全身心地投入观察与发现之中。此时此刻,我看在眼里,乐在心里)

二、展示交流

(小组活动结束,孩子们纷纷举起了手,这次显得更加自信了)

师:孩子们,现在让我们来听听你们各个小组的观察结果吧!

生1:第一幅图,我们组的同学首先只看到了一棵枯树的下面有两个老人的头像,后来经过仔细观察,我们惊喜地发现,其实,树的枝丫中还藏着八个头像,一共有十个头像;第二幅图,我们的观点和刚才的那位同学观点一样,阴影部分是相对着的两个人头侧面像,中间留出的空白部分是一个花瓶;第三幅图,我们花了九牛二虎之力,终于找到了奥秘,除了小女孩半身像,还藏着一位老妇人的头像。

师:(惊喜地)你们组的同学们真是拥有敏锐的观察力,在前面一个同学发现的基础上有了一个飞跃,你们组可以获得"独具慧眼"奖。

(这个小组的同学兴奋不已,做出了一个胜利的手势,全班同学都为他们鼓掌)

生2:老师,我可以比他说得更清楚、生动些。

师:好呀!请吧!

生2:(走上讲台,借用黑板上的挂图,边说边指点。)第一幅图在一棵光秃秃的树下,一眼就可以看见两位白发苍苍的外国老人,他们可能是夫妻,正相视而笑呢!经过全组同学反复地看,结果发现左上方的树杈中间，隐藏着三个戴帽子的男人头像，有的脸上布满皱纹，有的脸上有胡须，根据这个方法，我们发现树顶上还有两个老人的头像，一个戴着眼镜，光头的，一个高鼻子，有浓浓的胡须，头发花白；同样，右边的树枝中间，藏着三个男人的头像，其中有两个戴着眼镜和帽子，中间一个目光炯炯。那么，整个这幅图，枯树上藏着十个头像，五个戴帽子，三个戴眼镜。我们觉得观察真的很有趣。

（顿时，教室里响起了雷鸣般的掌声）

师：大家的掌声就是对你最好的肯定，你的回答确实很精彩。

生1：他不仅说出了自己观察的结果，而且观察的过程说得很有条理。

生2：他还把每个头像的样子都叙述得很具体生动。

生3：还说出了观察的感受。

师：我认为你们组可以获得"伶牙俐齿"奖。

（再次掌声响起，其他组毫不示弱，争先恐后地举手。）

……

师：同学们都说得很好，能总结出自己的观察方法吗？

生1：观察要仔细、耐心。

生2：要反复地看。

生3：要从不同角度看，比如第三幅图就是这样，要不然的话老妇人的头像很难发现。

生4："三个臭皮匠，抵一个诸葛亮"，"人多力量大"，组内同学互相帮助很重要。要学会综合采纳别人的意见。

生5：观察还要加上丰富的想象。

师：是呀！同学们，我们的生活千姿百态，我们的世界丰富多彩。

只要你们细心观察就会有意想不到的收获。通过这次有趣的观察，你们有哪些感受？

生1：我觉得观察生活很重要，有观察才会有所发现。现在我明白了叶圣陶爷爷为什么能把爬山虎的脚写得那么生动、具体了。

生2：法国雕塑家罗丹说过一句名言："世界上不是缺少美，而是缺少发现的眼睛。"我以后要多观察、多思考，写出好的文章来。

生3：我也是。从前，我写作文时老是觉得无话可说，那是因为观察不够仔细，从今以后，我要认真观察生活，留心身边的事物。

生4：观察要细心，要耐心。我刚才一开始说只有三个头像，结果后来找到了10个头像，看来以后没有观察清楚，不能随便下结论。

生5：我要把这3幅图带去考考我的妈妈。因为她平时总批评我不爱观察生活，而她呢是"火眼金睛"，什么都瞒不过她的眼睛。看她这回能不能赢我。

（哈哈……全班同学都沉浸在观察带来的乐趣之中）

（总结评奖）

【评析】

口语交际能力是现代公民必备的能力。应培养学生倾听表达和应对的能力，使学生具有文明和谐地进行人际交流的素养。本课的教学重点放在"观察到的内容"和"观察后的感受"中，通过设计在小组合作中比眼力这一活动来逐步达到目的，教学过程中师生互动，生生互动，孩子们在无拘无束的教学环境中自由表达，妙语连珠，感慨颇深，达到了教材编写的目的。通过这次口语交际，同学们都认识到：为了更好地写作,观察很重要,要养成良好的观察习惯。同时,课标要求:"评价学生的口语交际能力,应重视考察学生的参与意识和情感态度。"从这一点出发,这节课是比较成功的。

首先,教师在教学中营造了自由表达的氛围,激发了个性表达的欲望,让学生有了一个双向互动的交际平台。

其次,交际的重点放在了语言的训练上,培养了学生细致观察的习惯,锻炼了学生把话说具体生动的能力,让学生品尝到了观察带来的乐趣。

再次,将口语交际课与习作教学相融合,引导学生认识到观察的重要性,从而更好地进行写作训练,善于观察是写好作文的前提。这是学生在口语交际活动中由衷的感慨,这比教师平时生硬的说教好得多。

最后,罗杰斯曾说过:"在教学过程中,只有让学生处在一种无拘无束、自由畅达的空间,他们才会尽情地'自由参与'与'自由表达'。"这节课学生是在轻松的娱乐活动中进行的,课堂是轻松活泼的,而学生的收获是很多的。

【案例4】

人教版六年级上册口语交际《讲诚信与善意的谎言》

教学目标:了解和认识辩论,对辩论产生一定的兴趣,能积极尝试,参与辩论;选择支持自己观点的事例进行辩驳;辩手能根据同伴的提示,对自己的发言进行补充修改;辩论中要做到态度诚恳,语言得体,阐述观点要言之有理等。

教学方法:课前收集与"诚信"或"善意的谎言"有关的事例、名言或警句;先八人为一组,进行辩论,每组推荐一人准备参加全班辩论；教师要肯定双方说得对的地方，以使对问题有比较全面的认识。

师：生活中由于种种原因，有时候需要隐瞒真情，不说出真相。比如《唯一的听众》中的音乐教授说自己耳聋了，显然，她说的不是真话。有人说，"人要讲诚信，不能撒谎"；有人则认为，生活中有时需要说"善意的谎言"。请大家就这个问题展开一次辩论。辩论的要求是：一要用普通话辩论，语速不宜太快，语言表达要清晰。二要说清楚自己的观点，注意倾听别人的发言，学习抓住别人的漏洞进行反驳。

正方一辩：我方认为，人要讲诚信，不能撒谎。"谎言"之所以称为"谎言"，是因为它是虚假的，不真实的，是骗人的话语。一个人如果经常有谎言流于口中，从而去欺骗他人，久而久之，他便会失去人们对他的信任。就如同《狼来了》中的那个孩子一样，每天都喊"狼来了"，以寻求刺激、开心，而当狼真的来时，他只有一个人承受，再怎么叫，也无济于事，也不会有人来帮助他。因为曾经来帮助过他的人已经习惯于他的叫喊，以为他又是在逗他们玩呢！所以，人要诚信，不能撒谎。否则，不但有碍于诚信，而且后果不堪设想。

反方一辩毫不服输地说：同学们，我方不赞成对方辩友的观点。我们认为做人是要讲诚信，但并不排除"善意的谎言"，生活中有时也需要"善意的谎言"。因为"善意的谎言"背后折射着一种善良的美好的光辉。它是生活中不可缺少的一剂良药。那么，请大家再听我讲个故事：有个小男孩和妈妈一起去银行取款，突然出现了几个劫匪，把银行的钱全抢了。正当他们准备逃跑时，警察赶来了。有几个劫匪被抓住了，但有一个劫匪把刀架到了那个男孩的脖子上，那个男孩害怕极了。可是警察当机立断一枪毙了那个劫匪。那个警察走到男孩身边，夸奖他说："你做得很好，这场演习成功了！我会给你颁发荣誉证书的。"那个小男孩追问道："真的是演习吗？"周围人都明白了警察的意思，连声说："是的，是的"。那个男孩由最开始的恐惧转为了高兴。可是，这其实并不是演习，而是真的。这是警察善意的谎言。如果那个警察说真话的话，结果就大不一样了。说不定那个男孩以后就一直生活在恐惧与黑暗之中。所以，有时候，真话是代替不了善意的谎言的。

正方二辩激动地说：说谎就是欺骗，欺骗就是不讲诚信，不讲诚信也就是不讲人性。这是师长们对我从小的谆谆教导。警察对男孩不说实话，也是不对的。他不能让男孩从小明辨是非。劫匪抢银行，是违法行为，是不对的，理应枪毙，不能含糊其词。当我们给"谎言"加上一个"善意"时，仿佛大家都可以接受了，但这正是人性的弱点的集中表现。心理学家研究表明：撒谎能使人的血压迅速升高，可能还会造成高血压。所以，我奉劝大家，不要撒谎，哪怕是"善意的谎言"。

反方二辩振振有词地说：我反对谭智国的观点，我认为说善意的谎言是一种处事的方式，是一种替人着想，善解人意的体现。假如一个身患绝症的病人的亲友们总是用善意的谎言将他的病情说得很轻，并鼓励他配合医生治疗。相信大家不会因此而指责他们不讲诚信吧。相反，我认为这正是讲人性的集中体现。

正方三辩说：一切谎言都是带有欺骗性的，善意的谎言也不例外。谎言都可以用真诚的话语来代替的话，那么，我们为何不保留一份真诚？病人既然身患绝症，何不实情相告，也许病人了解了自己的实际情况，还会更加珍惜这短暂的生命，更加合理地利用这生命的每一分，每一秒。如果世界上人人都说谎，那么这个世界将充满欺骗、充满谎言，那你生活在这个世界上还有什么真诚可言？！所以，我们要崇尚诚信，远离谎言。

反方三辩抢着说：一个找不到母亲的小孩哭了。你肯定会骗他说，妈妈过一会儿就来了。你肯定不会说，你妈妈不要你了。一个得了绝症的人，家人肯定会骗他：你很快就会好起来的。你肯定不会说，你等死吧。我们在丛林里迷路了，我们会互相欺骗：没事。我们很快就会出去的。你肯定不会说：我们完蛋了，等着喂野兽吧。因此，我要大声说，善意的谎言是美丽的，是无碍于诚信的。

师总结：诚信是美德，是大前提，社会应该弘扬诚信，时时讲诚信，事事讲诚信，做到诚信从我做起，从身边的每一个人做起，不论大小长幼，进而形成良好的诚信环境，营造强有力的诚信氛围。诚信的确很重要，但是有些时候、有些场合还是需要善意的谎言的。

【评析】

一、准备辩论材料为成功辩论做好了充分准备

辩论的根本就在于明辨是非、真假、美丑、优劣，达到认识真理的目的。世界上的事物错综复杂，在是非之间，真理与谬误的分界点上，通过辩论，可以使人们认清事物真相，比较各种认识的利弊、得失，在新的基础上认清一件事物的本质属性。在辩论准备过程中，辩论双方要收集整理各种相关资料，这本身就是一个增长知识的过程。教师安排学生收集并整理与"诚信"或"善意的谎言"有关的事例、名言或警句，是非常必要的。它为学生后期辩论提供了事实依据，做好了充分的准备，

而且借用名言、警句，增强了表达效果。而在辩论中，双方把自己的信息传递给对方，也使双方都获得了更多新的知识。

二、在辩论的互动中提升学生的口语交际能力

辩论是口语交际的高级形式，对于小学生来说难度很大。但是，学生在辩论中语言表达清晰，能够清楚表达自己的观点，注意倾听别人的发言，及时发现漏洞，及时反驳。呈现了师生互动，生生互动的热烈场面，促进了交流评价，也提高了辩论的质量，更增添了几分精彩。

三、辩论有利于培养竞争意识

一个人要想在辩论中取胜，就必须有不甘退让、不屈不挠、坚定不移的毅力和决心，所以说辩论是能力的竞争，是智力的竞争，更是精神意志的竞争。而这些也是一个人面对社会竞争时所必备的能力。辩手们在辩论中积极思辨，努力陈述自己的观点，一定程度上也体现了他们的竞争意识和不服输的精神。

第二节　书面表达与交流教学案例分析

书面表达在第一学段为写话，第二、三学段是习作。作文教学中，应该注重激发学生的表达兴趣，让学生对作文产生浓厚的兴趣和热情，养成良好的写作习惯，鼓励学生多练笔，积累写作经验，发展写作能力。

第五章 表达与交流教学案例分析

书面表达的学段要求

学段	具体要求
第一学段	1. 对写话有兴趣，留心周围事物，写自己想说的话，写想象中的事物。在写话中乐于运用阅读和生活中学到的词语。 2. 根据表达的需要，学习使用逗号、句号、问号、感叹号。
第二学段	1. 观察周围世界，能不拘形式地写下自己的见闻、感受和想象，注意把自己觉得新奇有趣或印象最深、最受感动的内容写清楚。能用便条、简短的书信等进行交流。尝试在习作中运用自己平时积累的语言材料，特别是有新鲜感的词句。 2. 修改习作中有明显错误的词句。根据表达的需要，正确使用冒号、引号等标点符号。课内习作每学年16次左右。
第三学段	1. 写作是为了自我表达和与人交流。养成留心观察周围事物的习惯，有意识地丰富自己的见闻，珍视个人的独特感受，积累习作素材。 2. 能写简单的记实作文和想象作文，内容具体，感情真实。能根据内容表达的需要，分段表述。学写读书笔记，学写常见应用文。 3. 修改自己的习作，并主动与他人交换修改，做到语句通顺，行文正确，书写规范、整洁。根据表达需要，正确使用常用的标点符号。习作要有一定速度。课内习作每学年16次左右。

【案例1】

随着课程改革的深入，如何在语文教学中体现"以学生发展为本"的教学理念，如何真正提高学生的语文核心素养，是我们的教学实践目标。在作文教学中读写结合，游玩与写作结合，是一次人与自然情感的交流，是一次美的享受。本案例研究的主要问题有：

①写游记时要注意哪些问题？怎样写游记？

②借鉴所学课文的写作方法、表达技巧，怎样做到读写结合？

③通过写游记，学生应该得到什么？如何得到？

④教师在教学中应该充当什么角色？

培养学生探究与写作能力，注重个性发展

师：同学们，我们学过许多篇关于游记课文，跟随作者浏览了我国的名山大川。古往今来，有多少文人墨客，面对祖国的山川，四时美景，挥毫写下了一篇篇精美的篇章。无论是他们的创意，还是他们的笔法都值得我们去认真揣摩。今天这节课，老师想和同学们一起来探讨一下如何写游记。结合我们所学过的课文说说：

生1：写游记要有真情实感，如《天山脚下》抒发了作者对美丽的天山景物的喜爱与赞美之情。

生2：写游记要抓重点，详略要得当，如《草虫的村落》，过程就是重点。

生3：写游记要条理清楚，如《青海湖，梦幻般的湖》。

师：同学们说的都对，写游记时要注意以下几个问题：

（屏幕显示）请一名同学读一下：

①按浏览的顺序描写景物。

②抓住浏览重点，详写过程。

③略写前后，情、理、景相结合。

师：写作时，要在认真观察景物的基础上按照见到景物的次序，来写所看到的景物。这样才能做到条理清楚，自然明白，不至于杂乱，观察景物，通常有两种方法，同学们说说有哪两种？

生：定点观察和移步换位法。

师：同学们说得对。请同学们就我们学过的课文具体说说这两种方法。

生1：我们学过的课文《颐和园》中写的所看到的景物就属于定

点观察。

生2：我们书上的《记金华的双龙洞》就采用了移步换位法。作者随着浏览的行踪变换位置，一处一处地进行观察。

师：看来同学们已经把学过的课文中的写作特色巧妙地和写作联系起来了。我们写游记除了注意线索，还要抓重点，详写过程，那怎么抓呢，谁能联系所学过的课文说说？

生1：抓景物的特征，如《天山脚下》，作者抓住初到天山、逐渐深入、天山深处景物的特点来写。

生2：抓印象最深的景点来写，如《记金华的双龙洞》，作者详写了游双龙洞的情况。

生3：抓人文景观，如《青海湖，梦幻般的湖》中的传说典故。

师：同学们说的都有道理，我们在一次浏览活动中，看到的景物很多，但我们不能样样都记下来，这样就成了流水账，要把看到的景物中印象较深的写下来，其余的可以写得简略些。

师：写游记要略写前后，要情、理、景相结合。请同学们说说怎么写？现在就分组讨论3分钟，回答时由各组的代表回答。

生（代表第一组）：应把开头和结尾写得简略些。开头要交代清楚时间、地点和人物，如《记金华的双龙洞》开头："出金华城大约五公里到罗店，过了罗店就渐渐入山。公路盘曲而上。山上开满了映山红，无论花朵和叶子，都比盆栽的杜鹃显得有精神。油桐也正开花，这儿一丛，那儿一簇，很不少。山上沙土呈粉红色，在别处似乎没有见过。粉红色的山，各色的映山红，再加上或浓或淡的新绿，眼前一片明艳"。

师：同学们的回答都能把我们在课堂上学到的知识和写作结合起

来。其实在写作文时，我们要把感情融于景物中，写出真意，在写景的同时我们还要努力探索人生真谛，使读者在领略自然风景的同时，受到启迪和教育。

师：前面我们主要讲写游记时要注意的问题，其实要把游记写好，还要学会运用不同的表现手法来写景，同学们想想可以用哪些表现手法和修辞手法？结合我们学过的课文说说。（讨论5分钟）

生（代表第三组）：可以用四季中不同景物的描写的表现手法，在描写景物时，可以用多种修辞手法，使描写更形象、生动，如可以用比喻、拟人、排比、引用、夸张等修辞手法，如《美丽的小兴安岭》就是多种修辞手法综合运用的一篇文章。

生（代表第六组）：在写自然景观时还可以写社会生活、民风民俗、历史典故等，这样可以增加历史的厚重和文化底蕴。

师：同学们说得太好了，写游记时要学习运用不同的表现手法和修辞手法，这样写出来的文章才有血有肉，形象生动，富有文采。老师希望大家能够把我们所学的课文中的写作特点巧妙地运用到我们的作文中去，由于时间关系，我不再一一点评了。通过以上的训练，同学们能够感觉到游记并不难写，只要你们仔细观察，按游览的顺序描写景物，详略得当，情、理、景相结合，并综合运用多种表现手法和修辞手法。我相信每位同学都能写出生动感人的文章。现在我要求同学们利用国庆节长假，先让爸爸妈妈带你出去旅游，回来后，按老师教给你的方法写一篇游记，如果没有条件外出旅游，那就写我们周围的景点。人们常说月是故乡明，水是故乡甜，家乡的景物定有与别处不同的特有的美。现在请同学们先看一段有关家乡景点的画面和有关资料，看完后再口头作文。

屏幕显示家乡的山山水水和有关资料，看完多媒体课件后同学们心情都很激动，大多数学生在小声地说：原来家乡这么美，过去我怎么没发现？

师：我先念一篇我写的作文《游青海湖》，给同学们听，听完后，你们就对自己去过的地方进行口头作文。

生1：自告奋勇地站起来，我讲《游瞿昙寺》。

生3：我的口头作文是《游老爷山》。

师：同学们的口头作文，说得非常好，如果这样坚持下去，我们的作文水平一定会有所提高。

【评析】

这是一堂高年级写作训练——写一篇游记。教师完全是依据教材的内容和要求进行的。

一、把教材中的写作训练当作"课"来教

作文是衡量一个学生语文水平的重要尺度，语文教师要重视作文教学。可现在语文中的作文教学却不容乐观，或敷衍了事，或临阵磨枪。造成这种现象的原因是多方面的，其中最主要的还是升学压力，现在的考试分数仍是重要的，而语文试卷中的作文分数，占的比重很大，小学一般在30到35分。可实际情况又是作文分数相差不大，拉不开档次。客观现状导致的结果直接影响到语文教师的作文教学。语文教师都认为把主要精力放到作文教学上得不偿失，所以就把主要精力放到阅读教学上了。该案例中的老师，扎扎实实地将作文课设计得重点突出，教学步

骤环环相扣，围绕着写什么、怎么写，启发学生打开思路，展开联想，学生清楚了应该写什么，并获得了写的方法。

二、要把阅读和写作结合起来

读写结合是语文教学的一条重要原则。作文一般都是以课文为范例，学生以此为样，联系实际写出文章来，如此反复训练，逐步提高学生的写作能力。这就要求语文教师在课文教学中，一定要着眼于学生的写作，结合具体的篇，在遣词、造句、立意、布局、谋篇等方面，有目的，有计划地传授相关的语文知识，进行语文能力训练，为学生作文提供依据和打下坚实的基础。这节作文课，围绕着写游记进行训练，联系了《记金华的双龙洞》《美丽的小兴安岭》《青海湖，梦幻般的湖》等学过的文章中的线索、重点、抒情、表现手法等方面来进行教学，这就比那种弃课文而不顾的死板方法的作文课效果好得多。实践证明，读写结合相得益彰，读写脱节两败俱伤。

三、教给学生方法

长期以来，我们在作文课上，教师更多的是提出一些要求，而很少向学生提供符合要求又能够操作的方法和要领。就写游记来说，我们经常提到，学生也不陌生，但怎么写，有没有规律，要解决哪些问题？这些光靠提供概念是不够的，还必须提供一些能够实际操作的方法和要领。在这方面，这节课做了有益的尝试。告诉学生写游记时要注意的问题，通过一系列的实例来进行分析，并教给学生写游记的方法。

四、充分发挥学生个性

这个教学案例还给我们一个启示就是不能再像过去那样把学生当成接受知识的机器来进行教学,其实学生也有自己的思想,自主、合作、探究的学习方式更能调动他们的学习积极性,培养创新能力。学生在心理上已逐渐走向成熟,自我意识和创造欲望正在增强,并且有了一定的语言积累和文字表达能力,无论是背诵、回答问题、还是口头作文,都要让他们在体现个性的同时增强自信心。

本案例中的教学过程就是学生的合作精神展现的过程,是学生与教师对话的过程,是学生应用语言的过程。

【案例 2】

写一种花

创设实物情境:

师:今天,老师给同学们带来了一盆花,谁知道这种花叫什么名字?

生:菊花。

师:你们喜欢这种花吗?感觉怎样?

生:(齐)喜欢。

生1:我看这盆花太美丽了。

生2:这盆花花枝招展,生机勃勃。

生3:盛开着鲜艳的花朵,长着碧绿的叶子,像几位婀娜多姿的小姑娘,在欢快地跳舞呢!

生4：我还闻到了花的香味。

师：同学们说得很好。那谁知道可以把它分成几部分？

生：根、茎、叶、花。

师：你们想怎样观察呢？

生：按一定的顺序观察。

师：按怎样的顺序观察呢？

生1：按根—茎—叶—花的顺序观察。

生2：按花—叶—茎—根的顺序观察。

师：都可以。还要注意什么？

生：观察时要抓住特点。

师：什么是特点？

生：特点就是与众不同的地方。

师：我们应该抓住哪些方面的特点呢？

生1：我想，观察茎时要看它的粗细。

生2：要数一数有几根。

师：很好。

生：要看看它的高矮、挺直还是弯曲。

师：你是说它的姿态，对吗？

生：要看它的颜色。

师：怎么观察它的叶子？

生1：看叶子的颜色、数量、形状。

生2：还要看叶子的姿态，静止时的、动态时的样子都要看。

师：好。

生1：还要看叶子的生长有什么规律。比如说一个枝上有几片叶子，是怎么长的。

生2：要看叶脉是怎么长的。

师：大家很细心。怎么看花？

生1：数量、大小、颜色、姿态。

生2：看花瓣怎样，花蕊有什么特点？

师：同学们讨论得都很好，可我觉得还缺点什么。

生：观察时要想象。

师：对。想象很重要，怎么想？

生1：就是联想类似的事物。

生2：就是打比方。

生3：可以把它想象成人，有人的情感、语言、活动。

师：说得真好。

生4：我补充，观察时不仅要看，还要摸一摸，闻一闻。

生5：从不同的角度观察。

师：同学们越说越好。下面我们就来观察一下这盆花，这盆花的根埋在土里了，我们看不见，就不看了，行吗？

生：（齐）行。

师：下面我们分部分来观察。看不清的同学可到前面来，然后在小组内议论一下看到了什么，是怎么想的。

（学生纷纷到前面观察，议论纷纷，同组同学之间交流）

师：我们先来汇报花的茎，好吗？你们看到了什么？想到了什么？

生1：我数了数这盆花一共有五根茎，有的直挺地长着，有的斜长着，还有的弯下了腰。

生2：我量了量，高的有40厘米，矮的有20厘米。

生3：它的茎是淡绿色的，上面有黄色的细纹儿。

师：谁还发现了什么？

生：有绒毛，是白色的，像撒上了一层白粉。

师：你观察得真仔细。

生1：粗的有小拇指那么粗，细的像筷子那么细。

生2：我打个比方，这几根茎好像亲兄弟集合在一起开会呢。

生3：那个高一点的像一位老人在给孩子讲故事。

生4：那个矮的斜长着的好像在练太极拳。

师：你的想象力真丰富。

咱们趁热打铁，大家赶紧把关于这盆花儿的观察与想象通过键盘在电脑上创作出来，写完后发为共享文件。

生创作文章。

师：谁能把茎的这部分描写说说，大家再评一评说得怎么样？

（生连起来说，评议）

师：你们是怎样观察叶子的？

生1：叶子的颜色很绿，绿得发亮。

生2：翠绿欲滴。

师：你这个词用得真好。

生3：我发现叶子的正面是深绿色的，背面是浅绿色的。

生4：叶子上有脉纹，可好看了。

生5：叶子的数量很多，多得我数不过来啦！

生6：我发现叶子有大有小，大的如婴儿的手掌，小的如指甲盖儿。

生7：我发现每个枝上的叶子都是五片，很有规律。

生8：每个枝的叶子都像伸开的五指。

师：你真会想象。

生1：它们的姿态各异。有的舒展着，有的卷曲着，还有的垂钓着。

生2：我觉得这些叶子很特别，有的像蝴蝶在翩翩起舞，有的像星星在眨眼睛，有的像小旗在飘扬。

师：哎呀！你想象得太好了。

生1：我也能想象。有的叶子藏起来像在捉迷藏，有的探出头来像在炫耀自己，有的凑在一起像在说悄悄话。

生2：我也能想象，你看那片叶子像金鱼的尾巴，这片叶子像小船，还有一片叶子像芭蕉扇。

生3：我也能想象……

师：都不错。谁能把叶子的部分连起来说？

（生说、议、评）

师：老师太佩服你们了。下面谁来说说花？

生1：要说最好看的还是花啦！九朵花各有各的姿态，各有各的颜色，真是五彩缤纷，好看极了。

生2：大的有拳头大，小的有鸡蛋小。

生3：那朵花像向日葵。

生4：它们有黄的、白的、粉的。

师：你能打比方吗？

生4：能。黄的似金，白的似雪，粉的似霞。

师：想象得真好。

（生：白的像一团棉花，看上去软软的。粉的像花布，黄的像……

像沙子。（笑）

师：我觉得说得挺好。

生1：我看它的花瓣很薄，一层包着一层，上面有花粉。

生2：花瓣很扁，边缘往上翘，像豆芽似的。

生3：花瓣像柳叶。

师：再仔细观察还发现了什么？

生1：我看见花蕊了，紫色的花蕊好像一个和尚蹲在里面。

生2：我觉得花蕊像一群小孩奋力地往出跑，可就是跑不出来。

师：你可真会想象。

生1：有的花仰着脸好像说："看我多漂亮啊！"有的花侧着脸好像说："哼！我才不理你呢。"

生2：有的花低下头好像说："你们别吵了，都羞死我了！"

师：有意思。

生：我比他想象的更好。那个高高在上的金黄色的花是一位公主，周围的花是王子，它们在讨好公主呢！

师：呵！简直是一个童话故事。

生1：我觉得那个大一点的花像妈妈，小的像孩子，它们多亲密呀！

生2：它们在边唱歌边跳舞，玩得很快乐。

师：你们能把花的部分连起来说说吗？

（说、议、评）

师：大家不仅学会了观察，还学会了想象。现在，你们想夸夸菊花吗？谁的作文涉及这部分？

生1：菊花，你可真漂亮啊！

生2：菊花，你是百花中的骄傲，谁也比不上你。

生3：我喜欢你，菊花。咱俩一起跳舞吧！

生4：菊花，你虽然没有水仙的柔情，没有牡丹的娇艳，可你独具秋色，我好羡慕你。

生5：你不与百花争春，以自己独特的美奉献给我们，使我们的教室融入了自然的风光，我谢谢你。

师：如果我是菊花，真的谢谢你们对我的赞美。好，这节课我们上到这里，下节课，把你们说的写下来好吗？

【评析】

一、注重创设情境，激发学生写作的兴趣

传统的作文训练不注重情境的创设，因而写作训练过于呆板、无趣味性，不能吸引学生，学生也就不会乐意去写，这是因为小学生受年龄特点及认识水平的制约，写作往往需要教师提供一定的情境，需要教师的指导帮助等外部条件。这次作文教学以大自然的景物——花儿，创设实物情境，同学们通过观察，想象开拓写作思路，同学们的写作积极性调动效果明显。

二、培养观察能力是作文教学的基础

写作能力包括观察能力、记忆能力、联想能力、想象能力、逻辑思维能力、创新思维能力等，写作能力的形成不是一蹴而就的，需要长期的训练。对于小学生而言，观察能力的培养是基础。因为作文就是反映生活，写对生活的感受，而对生活的认识离不开观察。该案例中，老师

指导学生认真观察一盆花，引导学生掌握观察的角度和方法，训练学生观察的品质，是一堂有效的作文能力训练课。

三、注重合作，提高学生的作文的质量

合作是新课标重要教学理念之一，合作也不妨用在作文教学上。合作有生与生间的合作、师与生间的合作、生与媒体的合作，并在写作合作中充分发挥教师的主导作用与学生的主体参与作用。在本次教学中教师充分发动同学们的小组合作意识，让同学们在小组合作的平台下交流，启迪思维，拓宽思路，提高了作文质量。

四、充分运用多媒体平台，共享资源，共同进步

同学们将写成的作文设为共享资源，大家都可以参与进来，在生生互评，教师指导评价下共同进步。

【案例3】

学写书信

在我们的成长过程中，曾经得到过许多人的关爱和帮助，为了表达对他们的感激之情，培养学生的感恩之心，我要求学生给对方写一封感谢信。为了让学生表达真情，抒发真意，我以《巴金爷爷给家乡孩子的信》为依托，让学生进一步掌握书信的格式，了解回信（即感谢信）的写作结构。然后让学生说说令自己感动的事情，唤起学生的情感期待，使学生进入一种渴望情感表达的积极状态。最后把自己对他人的感激之情以书信的方式写下来。

一、阅读文本，体会真情

师：大家了解巴金爷爷吗？

生1：他是我国一位著名的作家。

生2：他的作品有《家》《春》《秋》。

师：就是这样一位作家，一生创作了20多部长篇小说，12本散文游记，大量的短篇小说和译文。他把一生的爱和热情全部奉献给了文学事业。现在巴金爷爷虽然走了，可他留下的文学巨著还在，他当年写给家乡孩子的信还在。今天，我们就来学习巴金爷爷写的——《给家乡孩子的信》。

师：请同学们自由地读读这封巴金爷爷写给家乡孩子的信。想一想，巴金爷爷写给家乡孩子的信里都写了哪些内容？

学生边回答，我边板书，我用了一些表示先后顺序的连接词把同学们说的内容进行了梳理。板书如下：

给家乡孩子的一封信

先写　感谢孩子的来信

接着　谈自己的人生经历

然后　进行勉励，提出希望

最后　表达祝福

通过板书使学生对书信的内容一目了然，而且对书信的结构也有所感知。目的是为学生学写感谢信在结构上做铺垫。（即：开头巴金先写了感谢孩子们的来信和说明了不能回家乡的原因；接着重点联系自己走过的路谈对人生的看法；之后又对孩子们做了勉励，提出了希望；最后是真诚的祝福）

师：这封信语言虽然朴实，但洋溢着浓浓的真情。请同学们再读这封信，把令你感动的句子多读几遍，再用笔画出来。

生1：从"不要把我当作什么杰出的人物，我只是一个普通人"体会到巴金爷爷为人很谦逊。

生2：从"我写作不是我有才华，而是我有感情，对我的祖国和同胞有无限的爱，我用作品表达我的这种感情"体会到巴金爷爷拥有无私的爱，他时时处处为祖国和人民着想。

生3：巴金爷爷在百忙之中抽出时间给家乡的孩子回信，还感谢孩子们给他来信，可见巴金爷爷很爱家乡的孩子。

（学生谈了很多自己的感受，体会也很深刻）

……（说到这里顺势介绍写信背景）

师：是啊，巴金爷爷晚年患上严重的帕金森综合征，手会不停地抖动，可是尽管如此，他还是强迫自己拿起笔，亲自给孩子们回信。

（同学们对巴金爷爷的崇敬油然而生）

师：巴金爷爷给你们留下了什么印象？（根据学生的回答进行总结）

师小结：巴金爷爷就是这样一个拥有博爱、乐于奉献、珍惜时间又谦虚的人。这普普通通的一封信，既打动了同学们，也打动了老师，我们的心灵一次又一次地被震撼了。让我们再次朗读这封巴金爷爷写给家乡孩子的信，读出我们的敬意。

师：通过学习这封信我们不仅要学习巴金爷爷无私奉献的精神，还要牢记巴金爷爷的谆谆教诲。同时还要掌握书信的格式，学习书信的表达方式。

二、启发回忆，学会感恩

师：在我们的生活和学习中，也有许多令人感动的事情和值得感谢的人。请同学们想一想，哪些事令你感动，哪些人你要去感谢？

同桌交流。（学生谈话时内容有些零散，也比较琐碎，老师要给予一定的点拨和指导。一方面让学生知道感谢别人的方式很多；另一方面还要求学生把事情讲清楚、讲具体）

要求同学们在讲发生在自己身上令人感动的事情的时候应从以下几个方面去讲：首先应真诚地感谢是谁给了你什么帮助，这个帮助对你的意义和影响是什么，再表示自己的态度。

如：在我生病时，我是如何的疼痛难受，父母怎样心疼，有哪些举动；当我看到老师下班后还在伏案工作的身影时，我的内心是怎样的感受，此刻我又有什么想法；在我不小心摔到时，同学是怎样将我扶起，帮我擦去脸上的泪痕，又是怎样安慰我……引导学生将别人关心、帮助自己的情形讲具体，语言要诚恳，事例要生动。

全班交流：

生1：有一次上美术课我没带水彩笔，是同桌借给了我，我才完成了作业，我很感谢他，我衷心地向他说声：谢谢！

生2：我的一道数学题不会做了，数学老师耐心地给我讲解，以后我要认真听讲，回报老师。

生3：再过几天就是母亲节，我想做张贺卡送给妈妈。

生4：当看到老师下班后还在给我们批改作业时，我非常感动，我想写封信把我的心里话告诉老师。

……

三、总结内容，指导写法

师：是啊，人生因为有了感谢而美好，生活因为有了感谢而充满温馨。在我们的身边值得感谢的人很多很多，我们表达感谢的方式也很多。一句话，一条短信，一张贺卡都会使对方心里暖意融融。但是在通信较发达的今天，并不是所有的感谢都能用一个电话，一张贺卡来代替。所以我们还得通过书信来表达我们的思想感情。今天就让我们拿起笔以书信的方式给帮助过你，关心过你的人写一封感谢信。

在写信之前我们再回忆一下书信的格式：

学习巴金《给家乡孩子的一封信》时学生已经对写信的格式有了一次再认识，于是我在黑板上画了一块方格纸，学生边说我边板书。一共分三大块：

开头；正文；落款。

感谢信和一般书信格式相同，开头称呼顶格写，要有礼貌。

感谢信的正文，要着重写清楚对方关爱和帮助自己的事情；接着写表示感谢的话；最后还可以赞扬对方的可贵精神，表达自己向他学习的精神。

落款在正文结束后的右下角，要注意姓名在上，日期在下。

由于课堂时间有限，阅读和交流占用了大量时间，写作只能放到课后完成。

【评析】

这次习作指导以巴金《给家乡孩子的一封信》为依托，通过开发学生的生活资源，唤起学生对他人的感恩之情。学会以书信的方式，表达感恩之心。

给孩子一根写话的拐杖和一定的写作依据对作文起步的孩子来说是至关重要的。仿写是阅读教学中渗透写法的重要策略之一。仿写又分为内容的仿写和格式的仿写。以上案例中就用到了格式的仿写这一策略。也就是让学生仿照巴金《给家乡孩子的一封信》的格式学写感谢信。

为了让学生在习作中有话可说，有东西可写，开发学生的生活资源是最有效的方法。老师在小专题研究中进行了大胆的尝试，从观察身边的人和事开始，以小练笔的形式反复练习。本案例也借用了这一方法，让学生回忆发生在自己身边感人的事，使学生产生情感共鸣，懂得感谢，学会感恩，让习作建立在学生已有经验的平台上，激发学生的表达欲望和习作的兴趣。

【案例4】

我喜欢的一种动物（作文教学设计）

教学目标：介绍一种自己喜欢的动物；对写话有兴趣，能清楚、有条理地写；激发学生了解、亲近、爱护小动物的情感。

教学重点：介绍一种动物；有顺序、有条理地写。

教具准备：《动物世界》的光碟（人和动物），投影仪；谜语卡。

一、创设情境谜语激趣

师：你们喜欢动物吗？现在我们来猜动物谜语，好吗？

（猜谜语）

师：老师跟你们一样也很喜欢动物。动物世界是一个非常奇妙的世界：鹦鹉会说话，大象会搬东西，萤火虫会引路，蚯蚓会松土……这些生活中奇妙的动物现象，相信你们也一定观察到不少吧！今天，我们就来说一说这些自己最喜欢的动物。（板书：我喜欢的一种动物）说的时候，先告诉大家你喜欢什么，再告诉大家你喜欢的理由。

（学生发言。老师尽可能多让同学说，说长说短都可以；说得不好，就帮帮他；说重复的也要肯定）

二、利用资源学习表达

师：今天老师还带来了关于动物的光碟，你们想看吗？（想！）那么你们想看动物的什么呢？

生1：我想看看动物长成什么样子。

生2：我想看看动物是怎样吃饭、睡觉的。

生3：我想看看发生在动物身上的事情。

师随生的回答，在题目下板书：外形（样子）；习性；发生在动物身上的事情。

在播放光碟前，老师提出要求：仔细看画面，认真听解说；看完后，请大家在小组里自由交流，包括评论解说得怎么样。

播放光碟，学生自由交流、评论。

三、学习例子仿照表达

师：在你们身边一定也有许多动物，天上飞的有……地上跑的有……生活在水里的有……你最熟悉、最喜欢的是什么？你喜欢它（或熟悉）它的是什么？如果你养过小动物，除了可以说黑板上提示的这几方面，还可以说你是怎样喂养它的，你和动物之间发生了什么有趣的故事。

今天咱们就来开个交流会，每个人都来当解说员，介绍自己最喜欢的小动物。在说以前，先想想你准备从哪些方面来介绍它？不清楚的可以看看黑板上的提示。

接着学生上台说。（提示：说的同学要清楚、完整、流利；听的同学要专心、认真，想补充时要先举手）

再小组内说，互相提意见、补充，再推选代表上台说。

最后组织学生参与评价。评价时，重鼓励，少批评。

四、由说到写，实现迁移

师：刚才很多小朋友都说了自己喜欢的小动物，说得很好，我知道还有很多小朋友想上台来说，可是课堂上不可能让每个小朋友都来说。怎么办呢？对，你们可以写，就是把自己想对老师、同学说的话写下来。写完后你们就可以互相交换着看，这样，不就让大家都知道你们想说什么了吗？

提示：写的时候每段前面要空两格。

接着学生写，老师巡视、指导。

写完后，将学生的部分习作放在投影仪上，指导学生朗读、评价和修改。

师：谁来说说这篇习作写了什么内容？哪些句子写得好？你们还喜欢文中的哪些词语？哪些地方还要修改？（师在这个环节仍要重鼓励，抓住文中的闪光点，指导学生进行写作）

然后在小组里读自己的习作，并让别人提意见，再修改一下。

再请小朋友为自己的习作配上好看的图画或图片。

下水文：

我喜欢的一种动物——乌龟

我家养了四只乌龟，一只大的，三只小的。乌龟长着一个长长的脖子，头上一对圆圆的小眼睛好像总是在东张西望，肚子下面的四条腿又短又粗，背上还有许多小方块。

乌龟的食量可大了，还喜欢吃肉，每天吃的肉比我吃的还多。它们的胆子很小，只要一听见什么响声，就赶快把头缩进龟壳里，过了好一会儿，才敢慢慢地探出一点来；再挨几分钟，它们觉得完全没有危险了，才会放心地把头全部伸出来。

大乌龟很怕羞，如果有陌生人走近它，它就赶快把头缩进龟壳里，老半天也不伸出来；可如果是看见我走过来，却把头伸得老长老长的，尾巴还一摇一摆，好像在亲热地跟我打招呼：小主人，你好，你好……

我家的乌龟真可爱。

【评析】

一、创设作文教学情境，引发学生写作动机

教学情境能够调动学生的学习情绪，促使学生产生学习的欲望。教师为了营造轻松愉快的氛围，用猜谜的形式把学生带入动物世界，然后引导学生说自己喜欢的动物及理由，激发了学生想说、乐说的愿望。

二、先说后写，为书面表达打好基础

口语表达是书面表达的基础，老师引导学生有条理、有顺序的说，以鼓励为主，激发学生说好的信心。不着痕迹地指导学生从说到写，进行迁移，降低了写作的难度，激发了学生写作的兴趣。在此基础上进行书面表达，学生能够更好地组织语言，书面表达会有更好的效果。

三、当堂展示学生作文，共同评价修改，提升作文能力

利用多媒体资源，激发学生的兴趣，使学生带着明显的目的去看，让学生在看、听中学习语言。在展示作文过程中，引导学生学会欣赏，学会修改，尽量保证不同水平的学生都能获得写作的快感。可以欣赏自己的，也可以欣赏别人的，在共同欣赏评价修改中取得进步，孩子们得到激励，进步更快。

第六章 梳理与探究教学案例分析

"梳理"指对事物进行归类、分析，使之条理化；"探究"指探索研究，探寻追究。作为课程目标，"梳理与探究"吸纳了综合学习与探究学习的新课程观，进一步拓展了综合性学习的范围，旨在强化学生的语文实践，深化语言运用和思维创造的链接，从而在学生语言形象思维的基础上，促进学生抽象思维的发展，整合学习内容，形成语文大观念。"梳理与探究"课程目标突出，运用归纳、分类、比较等方法，促进语言学习从个别走向集合，从具体走向抽象概括，思维训练逐渐深化，指向语文学科核心素养的培养。

梳理与探究的学段要求

学段	要求
第一学段	1. 观察字形，体会汉字部件之间的关系。梳理学过的字，感知汉字与生活的联系。 2. 观察大自然，热心参加校园、社区活动，积累活动体验。结合语文学习，用口头或图文等方式整理、表达自己在活动中的见闻和想法。 3. 对周围事物有好奇心，能就感兴趣的内容提出问题，结合其他学科的学习和生活经验交流讨论，尝试提出自己的看法。

（续表）

学段	要求
第二学段	1. 尝试分类整理学过的字词。尝试发现所学汉字形、音、义和书写的特点，帮助自己识字、写字。 2. 学习组织有趣味的语文实践活动，在活动中学习语文，学会合作。结合语文学习，观察大自然，观察社会，积极思考，运用书面或口头方式，并可尝试用表格、图像、音频等多种媒介，呈现自己的观察与探究所得。 3. 能提出学习和生活中的问题，有目的地收集资料，共同讨论，尝试运用语文并结合其他学科知识解决问题
第三学段	1. 分类整理学过的字词，发现所学汉字形、音、义和书写的特点，发展独立识字能力和写字能力。 2. 感受不同媒介的表达效果，学习跨媒介阅读与运用，初步运用多种方法整理和呈现信息。 3. 初步了解查找资料、运用资料的基本方法。利用图书馆、网络等渠道获取资料，解决与学习和生活相关的问题。尝试写简单的研究报告。 4. 策划简单的校园活动和社会活动，对所策划的主题进行讨论和分析，学写活动计划和活动总结。对自己身边的、大家共同关注的问题，或影视作品中的故事和形象，通过调查访问、讨论演讲等方式，开展专题探究活动，学习辨别是非、善恶、美丑

【案例1】

《大自然的启示》教学案例

教材分析：《大自然的启示》是人教课标版四年级下册语文第三组课文中设计的综合性学习活动。本次活动的主旨是通过学生观察大自然，收集有关大自然启示的资料，谈谈自己了解到的发明创造的事例，或者谈谈自己从动植物身上得到哪些启示，想发明什么。

教学目标：了解人类利用自然启示发明创造的事例，培养学生的创新意识；生利用科学的方法（访问、搜索资料、收集整理）获取知识，了解某一问题；培养学生的动手能力，合作能力，组织能力，口语交际与习作能力。

学情分析：由于学生收集资料的能力不同，老师首先要带领大家阅读本组课文，抓住文章的主要内容，了解大自然给人类的启示，再通过发明创造造福人类，如：看到鱼儿独来独往在水中自由沉浮，人类发明了潜水艇；看到蝙蝠，发明了雷达……通过许多事例，从而引起学生强烈的探索自然的愿望。

一、主题确定，方法指导

先展示收集到的人类发明创造的图片资料和有感情地阅读相关资料。

师：从收集的资料中，你们想说点什么？

生1：只要留心观察大自然，就会有所收获。

生2：发明创造来自大自然。

生3：有了启示，如果我们还认真钻研，努力探索，就可能为人类造福。

然后引出主题：大自然的启示。

再进行方法交流。

师：谈谈你是怎样收集到这些资料的？

生1：自己上网搜索。

生2：与家长交流而记录下来的。

生3：到图书馆查找相关资料（图片，音像）。

二、资料整理

（一）文字资料

生1：我收集到有关鲁班造锯的文字资料，了解到鲁班被锯齿草木划伤了手而造锯的过程，给早期人类生活带来了便利。现在，我把这个资料通过整理制成了一个小册子,方便大家翻阅。

生2:我收集到英国莱特兄弟发明蒸汽轮机的资料,现在,我可以大体说说他们是如何得到启示,从而创造蒸汽轮机的。

(二)图片资料

(三)学生相互交流收集到的资料

最后谈谈自己在大自然中观察到了什么,受到了什么启示,想发明什么。

三、总结

展示、口语交际、习作。组织学生在学习园地上展示,在口语交际中交流,在习作中学习运用。

【评析】

一、突出了语文学习的实践性

梳理与探究活动的开展调动了学生的积极性,给了学生不一样的语文学习感受,特别是这种学生充满兴趣的课题,学生主动性增强了。学生在学习中不仅展示了自己,还给学生创造了体验生活,认识生活,探索自然的一个平台,本次活动让学生走进自然,亲近自然,感受自然的无穷魅力。同时孩子在搜索、访问、整理等实践活动中学习知识,发展能力,也激起了他们创造的欲望,这也是我们需要达到的目的。

二、体现了语文学习的综合性

语义能力是一种综合的能力。在本次活动中，学生搜索学习资料的能力得到了培养，他们能够通过图书检索、网上检索、观察了解等方式搜索到文字、图片等资料，并能够初步整理资料，收集处理信息的能力得到提升。在活动中合作学习，交流体会，不断加深对大自然的认识，激发了发明创造的欲望，培养了学生的创新意识。通过口语交流、习作展示等形式交流活动成果，使学生的表达能力得到发展。

【案例 2】

《教你学一招》案例设计

选题依据：①教材依据：人教版九年义务教育小学语文三年级下册《语文园地四·教你学一招》。②课标依据：《语文课程标准》指出"教师要多角度分析、使用课程资源，善于筛选、组合课程资源，利用课程资源创设学习情境，优化教与学活动，提高教学效益；学校要整合区域和地方特色资源，设计具有学校特色、区域特色的语文实践活动，落实学习任务群的目标要求，增强语文课程内容的丰富性和课程实施的开放性"。第二学段"梳理与探究"要求：学生"学习组织有趣味的语文实践活动，在活动中学习语文，学会合作。结合语文学习，观察大自然，观察社会，积极思考，运用书面或口头方式，并可尝试用表格、图像、音频等多种媒介，呈现自己的观察与探究所得"，并能"尝试运用语文并结合其他学科知识解决问题"。

设计理念： 以兴趣为前提，以活动促发展，以全面提高学生的语文综合能力为主导，充分重视学生的个性差异，让学生根据自己的爱好和能力，在整个活动中创造性地参与实践。并通过喜闻乐见的形式，为学生提供更多学习语文的空间和领域，让学生在同学、亲人的协作下，主动动脑、动手、动口、动笔，展示自己最拿手的一两项本领或掌握的小窍门，体验到在实践中学习语文的乐趣。

活动目标：在亲自筛选和制作、准备自己要展示的本领或掌握的小窍门的过程中，培养学生的动脑、动手能力，观察、实践能力，分析、解决问题能力，想象和创新能力，懂得语文学习也是生活，并体验到生活的乐趣，激发学生对语文、对生活的热爱；通过当堂展示、介绍自己的本领或掌握的小窍门，评价、欣赏同学的介绍和本领，给学生提供展示个性的机会，培养学生的口语交际能力，发展合作精神，促使素质教育向生活延伸，达到提高学生综合素质的目的。

活动准备：

①学生准备：

准备时间：1—2周的课余时间。

准备内容：自己最拿手的1—2项本领或掌握的小窍门。

准备过程：引导学生从自己感兴趣的方面筛选和制作、准备自己要展示的东西，可以自己单独完成，也可以在同学、亲人的帮助下完成。

准备要求：实践部分必须做成展品在课堂上展示（有条件的可以做成CD或拍摄成照片），介绍部分最好能事先用文字形式写好（说说是什么招，这一招怎么好，怎么做，让别人听了乐意学）。

②老师准备：

向学生宣布此次活动主题：教你学一招——"心灵手巧，能说会道"。

督促学生在整个准备过程中积极动脑、动手、动口、动笔，完善自己的展品。

"人穿小纸片"小窍门的表演准备，《聪明的一休》乐曲，自制幻灯片。

准备好学生交流活动成果的课堂教学。

一、宣传发动阶段（课前）

①向学生宣讲语文梳理探究的意义，激发学生对整个活动的兴趣和热情。

②向学生宣传本次活动的主题：教你学一招——"心灵手巧，能说会道"。

二、师生准备阶段（课余）

①学生用1—2周的课余时间，着手准备自己要向别人展示的本领或掌握的小窍门。要反复筛选、考虑，再确定。

②确定好后，独立或合作完成好自己要展示的本领或掌握的小窍门的展品，练习在同伴、家长或朋友面前介绍，看是否能引起别人的学习兴趣。

③老师参与学生的准备全程，并给予适当的启发、点拨。

④检查、收集学生的准备情况。

以下是本次活动老师收集到的学生准备情况：

学生76人，准备展示的本领或掌握的小窍门60余项，有近50项能在课堂上演示，但限于本班学生家庭实际情况，没有用CD等形式出现的。

学生的本领或掌握的小窍门形式多样，富有个性特色和创新意识，大多是自己真正的拿手本领或掌握的小窍门。

大多数学生能较好地对自己的展示做精彩的介绍。

三、成果交流阶段（一课时）

（一）激发兴趣，导入新课

播放乐曲《聪明的一休》，学生欣赏完悠扬悦耳的旋律，说说自己的感受。

老师相机导入新课：是啊，一休是聪明、智慧的化身。我们更是心灵手巧的一群人。俗话说"八仙过海，各显神通，"我想，同学们一定不比一休逊色。这节课，就让我们把自己最拿手的本领，或掌握的小窍门拿出来，好好展示一下吧。

（预计学生会纷纷拿出自己的得意之作，老师夸赞：这些小玩意儿真漂亮！你们能把它的制作方法教给大家吗？）

板书课题：教你学一招（师问：该怎样教呢？）

（二）出示幻灯片，明确要求

出示幻灯片：要想把自己的本领或掌握的小窍门教给别人，可以先说说这一招叫什么，能引起别人的兴趣；再说说这一招怎么好，让别人听了乐意学；然后告诉别人怎么做。可以边演示边说，可以边展示边说。其他同学要认真倾听，领会要点，如果有疑问或有更好的方法，可以随时提出来。最后，评选出最佳口才奖、最佳展品奖、最佳创意奖、最佳演示奖。

学生用最喜欢的方式读幻灯片上的内容，边读边思考：你们从中明白了什么？

根据学生回答，板书：

教你学一招	说	什么招 怎么好 怎么做（边展示、演示）
	听	认真听 可质疑 可建议
	评	最佳口才奖 最佳展品奖 最佳创意奖 最佳演示奖

（三）学生呈现展品，进行演示、介绍

（学生早已跃跃欲试）师引导：谁愿意第一个介绍？

指名学生边演示（或展示）边介绍。（老师事先瞄准目标：——晴天娃娃，——牙膏盒快车，——纸蝴蝶，——乒乓小矮人，——联欢彩练，——罐头娃娃，——石头人，——竹蜻蜓，——剪双"喜"字，——蛋壳娃娃……）

学生评价同学的介绍，评选出最佳口才奖、最佳展品奖、最佳创意奖、最佳演示奖。当堂给予物质奖励、荣誉称号。

（四）示范介绍"人穿小纸片"的小窍门

（调节课堂气氛，老师：大家的本领真让我羡慕。老师也想加入你们的行列，愿意吗？）示范介绍"人穿小纸片"的小窍门。

介绍步骤：随便拿张小纸片→一边剪一边介绍剪的方法→松开，纸片变纸圈→表演：任意请一名学生从小纸片中轻松穿过。

（捕捉学生神色）导入：老师已经看到有很多小手举起来了。现

253

在，就让我们分小组活动，向小组内的同学亮出你的绝招吧。

（五）小组合作交流，组内展示

出示幻灯片。要求：学生前后四人为一小组，自由活动，互相欣赏展品、倾听介绍。评选出组内的一名最佳人选，准备接受小记者的采访。

学生在小组内活动，老师深入学生中巡视、指点、欣赏，适时鼓励、夸奖。

（六）学生扮演小记者，汇报交流

（事先安排）一名学生扮演小记者，对每组的最佳人选进行采访。（采访导语、过渡语、总结语，课前由这位学生自己撰写，但也必须能临场发挥，随机应变）

采访过程中的先后顺序，由课堂上学生的积极程度决定。

预计情况：——纸牌乌纱帽，——树叶粘画，——摇曳风铃，——豆子粘画，——爱洗澡的小猪，——测大气压实验，——彩色水饺拼盘，——不倒翁，——糖果乐器，——腌制咸鸭蛋，——易拉罐小螃蟹，——黄泥巴小城楼，——太阳能热水器，——玻璃杯奏乐……

采访结束，学生评选出最佳口才奖、最佳展品奖、最佳创意奖、最佳演示奖，给予物质奖励、荣誉称号和热烈的掌声。

（七）课堂总结，拓展延伸

老师总结：这节课，大家一定上得很快乐、很开心，是不是？老师也很开心。这一切，来自你们的敢想、敢做、敢说，来自你们的聪明、智慧，你们的心灵手巧和你们的能说会道。生活处处皆语文，用敏锐的双眼去发现，用知识的头脑去学习吧，你们的本领将愈来愈多，

愈来愈大。（完成板书：心灵手巧能说会道）

课后延伸：鉴于本次活动实际情况，大家一起动手，举办一次《教你学一招》佳作展览，展品旁配上制作人的制作文字说明。

【评析】

一、活动时间充分，活动过程完整

梳理与探究，强调语文学习的活动性、实践性、过程性，明确活动目标，制订合理计划，要给足学生活动时间，有完整的活动过程。该活动给了学生1至2周时间，可以独立或在他人帮助下完成制作的东西，课堂进行交流与展示，学生的实践活动有完整的过程，在过程中发展学生的能力。

二、展示学生个性，体现创新精神

在整个活动中，以鼓励、欣赏为主旋律，通过评选最佳创意奖、最佳展品奖、最佳演示奖、最佳口才奖，学生产生浓厚的兴趣，且全身心投入，在参与的每个环节都充分彰显了自己的个性，他们创造性地设计自己的活动成果，展示了自己的聪明才智。

三、教师充分发挥组织者、引导者、参与者的作用

学生是活动的主体，在整个过程中，教师组织学生确定活动主题、制订活动计划、开展活动、总结汇报，使活动有序开展。在活动过程中引导学生运用方法解决问题，并且作为其中的一个成员参与活动，亲手制作"人穿小纸片"，将成果分享给学生，与学生平等地交流，在

和谐融洽的学习氛围中,学生体会到生活的快乐,学习的快乐,成长的快乐。

【案例3】

月亮的情怀

在人类文明的历史上,流淌着一条河,一条月亮之河。在"风花雪月、山水云雨"的大自然景观中,古今中外多少文人墨客,留下了难以计数的咏月名章。选择以月亮为主题或以月亮为衬托的文章近10篇,例如《月亮和云彩》《嫦娥奔月》《二泉映月》《月光启蒙》《望月》等。在教学时,教师可"顺学巧导",开展一次以"月亮"为主题的语文梳理与探究学习活动。

一、赏"月章"

中国人是热爱自然、热爱生活的。一轮明月给人们带来了无限遐想,又寄托了多少情思。

首先,关于"月"的神话传说,"嫦娥奔月""蟾蜍蚀月""吴刚斫桂""灰飞轮阙""仙人乘鸾"等。让学生去收集、去讲述,让月亮借着神话的传说,飞进学生的心窝。

其次是从《诗经》一直流淌至晚清的关于"月"的诗、词、曲,丰富多彩。仅程章灿编著的古典诗词《月》中就选编了常见的咏月诗114首。《小学语文古诗必背及精读》91首诗中,与"月"有关的诗歌也有16首之多。诗人们借月写景,借月记事,借月抒情……不管是初月、新月,还是满月、圆月、月亏、月食都曾有诗人歌咏。

诗人对月的审美也是多方位、多角度的。说月、待月、问月、送月、望月、拜月、对月，视角不同，情境自异，并有许多名句流传千古。如："海上升明月，天涯共此时""野旷天低树，江清月近人""举头望明月，低头思故乡""望秋月，秋月光如练"。可组织学生查资料或上网，摘抄"咏月"诗，估计一般学生能收集到30首左右，让学生诵读、品赏，亦可分小组或班级举行"咏月"赛诗会。

再次，让学生收集课本及课外阅读中描写"月亮"的佳句，通过朗读，感悟语言美、月色美。如：冰心《寄小读者十二》中，"静美的月亮，自然是母亲了，我半夜醒来，睁眼看见她，高高的在天上，如同俯着看我，我就欣慰，我又安稳地在她的爱光中睡去"。又如《月光曲》中"月亮正从水天相接的地方升起来，微波粼粼的海面上，霎时间洒遍了银光……"再如，朱自清《荷塘月色》中"月光如流水一般，静静地泻在这一片叶子和花上……虽然是满月，天上却有一层淡淡的云，所以不能朗照……"

最后，还可组织中秋赏月佳句欣赏，如"人逢喜事尤其乐，月到中秋分外明"。

二、观"月景"

月亮在运动中，给人间留下了不断变化着的美丽身影。

在整合与科学等学科的教学中，语文的着力点是培养学生的观察力、想象力，可根据时令，特别是夏夜，结合月亮变化的规律，尤其是月食或每年的中秋时组织学生有目的地观看月亮，并结合其他手段做好观月记录，使学生对月亮的外形变化有一个初步的了解。同时，还可对月亮的美称、雅号来一番交流，如：玉兔、婵娟、广寒宫……

三、画"月境"

在观月、赏月的基础上，通过画月来发挥美术教学促进大语文学习的作用。

一画月形图，可单幅，可多幅，将月牙、羞涩的半边月、明亮的圆月等展现出来；二画月境图，以变化的月亮为衬托，辅以其他景物，将人们的情感、活动等融入画境，绘成一幅月境下自然景观与人物活动融为一体的情境图，如：可结合诗境画出王安石《泊船瓜洲》中"明月何时照我还？"的思乡图；画出《望月怀远》中"海上升明月"的美景。

四、唱"月歌"

无论是童谣，还是小学音乐课本，甚至是流行歌曲中，都有不少以"咏月"为主题的曲调。如《弯弯的月亮》《月亮船》《半个月亮爬上来》《欢乐的夜晚》《十五的月亮》……结合音乐教学或学校艺术节的开展，以"咏月"为形式，以表现某个主题为目的，让学生自由唱、联唱、合唱，有条件的还可以将编舞、器乐表演都融合进去，甚至可以举行一次"月亮歌"的联欢节，让"弯弯的月儿""圆圆的月亮"的歌声伴随着学生快乐地成长。

五、写"月文"

首先从用"月"组词开始，到查成语中含月的词，帮助学生积累词汇，如：月亮，月光……看谁组得多；"月"字成语知多少？如：月白风清、月下老人，日月如梭、闭月羞花，花好月圆、花容月貌，披星戴月、烘云托月……估计学生能查到20个左右含"月"的成语，并了解其大致意思。

其次，可以借鉴、学习古诗和现代文中写"月"的诗句，体会描写的精妙，帮助学生积累优美的写月句子，可以背诵、填空为主要形式进行训练，如：野旷天低树，江清（　　）人；月落（　　）霜满天，江枫渔火对愁眠；鸡声（　　）月，人迹板桥霜；湖光（　　）两相和，潭面无风镜未磨。

最后，让学生写自然界中的月，写童话世界中的月，写生活中的月。写自然界中的月，以学习写景为目的，以观察日记为训练形式，写月亮的变化，写月光的明暗，写月亏、月食的奇观，写夏夜繁星映月的美景。写童话中的月，学生对童话特别感兴趣，想象力也非常丰富。从幼儿园开始，就有许多关于月亮的童话故事，可以让学生自编、续编有关月亮的故事，如："月亮、星星、太阳的故事""嫦娥姐姐在月宫的趣闻"等，鼓励学生放胆写文。写生活中的月，主要是以片段训练为主，借助环境描写，为事情的发展变化做铺垫，来衬托人们的心情。这样，借月写意，借月抒情，从而丰富文章的情感。如情境设计一：当我国申办2022年冬季奥运会成功的消息一传出，我推开门一看，全村（城）沸腾了，月亮仿佛也露出了笑脸……借助想象，以拟人的手法，把中国人民格外激动的情感表现出来。情境设计二：生活中也有许多烦心和恼人的事。如：今晚突然停了电，连月亮也好像故意与我作对似的，躲到云层的后面去了……请结合情境、心境把月亮、人的心情写具体、生动些。

【评析】

梳理与探究旨在强化学生的语文实践能力，深化语言运用和思维创造的链接，在学生学习语言的基础上，整合学习内容，体现大语文的理念，提升学生的语文核心素养。

案例中将语文知识的综合运用、听说读写能力的整体发展与其他课程的沟通与实践紧密结合起来，实现跨领域学习。以"月"为主题，巧妙地将语言文字与大自然、人文风情、现代技术的发展等内容结合起来，通过赏"月章"，观"月景"、画"月境"、唱"月歌"、写"月文"等活动环节，将欣赏文学、观赏美景、描绘图画、歌唱月歌、写作文章融为一体，学生徜徉在如诗如画的优美境界中，积极体验，享受学习带来的快乐。丰富的活动内容为学生提供了展示、发展各种特长的空间，学生欲罢不能。从不同的角度，对"月"的文化意蕴有了深刻的感悟，增强了对中华优秀传统文化的理解，提升了学生的审美能力。

活动时，横向可分小组分项进行，纵向可在某一方面做深入的探究，可集中进行汇报，亦可指导学生与其他综合性学习结合起来，形成一个系列，将大语文的学习融入学生的终身学习之中。

【案例4】

《成长的故事》

活动目标：通过阅读、访问、写信等综合性活动，了解伟人、名人的故事，增强传统教育；通过讲故事、写文章、编短剧、办手抄报等活动形式，增强信息资料处理能力。

活动方法：阅读交流、访问调查、表演展示。

活动安排：第一周：教师对综合性活动的开展进行指导。第二周：学生分组开始开展综合性实践活动。第三周：学生进行资料处理准备展示。第四周：开展综合性实践活动的展示。

一、活动指导：（第一周）

（一）引导学生阅读教材中的指导性文字，明确本次综合性实践活动的内容

①自读，画一画重点词。

②交流，说一说自读情况。

③点拨：

活动内容：伟人、名人的成长故事，或者小伙伴、亲人的成长故事。

活动方法：阅读有关书籍、访问相关人物、给相关人物写信……

展示形式：讲故事、写文章、编短剧、办手抄报、制作PPT……

（二）组织学生分组、制订计划

组织学生分组：将全班学生分成七组，选出活动小组长。

指导制订计划：提醒学生安排好活动时间、活动地点、活动内容。

二、学生活动：（第二、三周）

①按计划学生分组开展活动，收集资料。

②学生将活动资料进行收集整理，准备展示。

三、活动展示：（第四周）

（一）展示课

讲故事活动：请准备故事的学生讲讲名人、亲人、小朋友的成长小故事。

演短剧活动：请准备课本剧的学生演一演名人、亲人、朋友的成长小故事。

小报展示：开展一次小报展示动活。

（二）展览会

小报展：将学生制作的小报，进行张贴，供大家阅览欣赏。

文章展：将学生写的自我成长文章，进行张贴，供大家阅读了解。

电子展：讲学生做好的电子小报或PPT演示稿，输入电视终端，供学生点击阅览。

四、评比活动：（第四周）

通过展示活动，采用同伴互评的形式，评选出活动积极分子、优秀展示作品，颁发小贺信。

【评析】

立德树人是教育的根本任务，要培养学生的品德修养和人格素质，使他们具有正确的价值观和积极的人格品质，培养学生具备积极的社会责任感和公民意识，成为有益于社会和国家的公民。语文学科的人文性决定了必须完成好这个教育任务，通过语文实践活动加强对学生的德育教育，努力使他们成为具有良好道德素质的公民，促进社会的和谐与进步。

语文实践活动需要开发利用优质课程资源，课标明确指出："课程资源的开发与利用应坚持正确的政治导向，把贯彻落实社会主义核心价值观、促进学生身心健康发展作为首要原则；要从核心素养形成和发展的内在规律出发，紧密结合语文教材内容，选择有利于组织和实施综合性语文实践活动的优质资源。"

该案例的活动目标之一，了解伟人、名人的故事，增强优秀传统教育，正是落实立德树人教育任务的极好内容。活动之初，通过阅读有关书籍、访问相关人物、给相关人物写信等方式，了解伟人、名人的成长故事；活动中围绕伟人、名人故事，开展讲故事、演短剧、做展览等活动，让孩子们深入了解伟人名人的故事，汲取精神养分，学习他们的优秀品质，受到深刻的思想教育，树立正确的思想，确立远大理想，成为时代的新人，努力成长为国家的栋梁之材。

在丰富多样的活动中，学生的语文素养得到了很好的发展。

【案例5】

《轻叩诗歌的大门》

活动目标：通过收集和阅读诗歌，增强对诗歌的了解，感受诗歌的特点。能收集并按一定的标准给诗歌分类；通过朗读诗歌、欣赏诗歌、学写童诗等活动，感受诗歌的魅力。激发学生对中国悠久历史文化的热爱之情；通过活动，锻炼学生合作学习的能力，提高欣赏美的能力；写简单的活动总结。

活动准备： 教师准备：设计好整个汇报展示过程的小环节。进行汇报活动设计，收集学生积累的资料，组织指导学生进行节目排练。学生准备：包括收集的资料，竞赛的题目，朗诵的表演，推荐的诗、书，讲、演的故事，编辑的集子，写好的赏析、诗作等。

手段措施： 采用综合性学习，放手让学生主动获取知识，提高能力。

活动步骤：

第一阶段：学生根据主题有针对性地提出自己感兴趣的问题，进一步明确研究的内容、研究时所用的方法。分成相应的小组。

第二阶段：根据活动的内容，展开活动。

第三阶段：学生对调查过程中的疑难问题，遇到的困难进行反馈，交流解决问题的办法，并确定下一步的活动计划，以便继续开展活动。

第四阶段：学生整理、归纳收集到的资料，设计展示形式并全班进行展示汇报。

第五阶段：总结。

活动过程：

第一阶段：阅读单元导语，确定研究的主题，再按照学生提出的问题，将其分成四项活动：诗海拾贝、与诗同行、诗歌擂台、童心诗趣。

学生根据自己的兴趣爱好及条件自由组成活动小组。

经过小组讨论，提出进一步研究的问题，从而明确活动的内容，及研究的方法。

小组制订活动计划，研究内容，实施方法和指导老师。

交流活动计划，师生提出修改意见，小组完善活动计划。

第六章 梳理与探究教学案例分析

第二阶段：学生根据问题积极按照计划收集整理，展开活动。

诗海拾贝：

内容：收集诗歌；整理诗歌；欣赏诗歌，知识竞赛。

形式：查阅刊物书籍采访收集整理等形式拾贝诗海。

与诗同行：

内容：了解诗人；中国诗歌的发展轨迹；古诗中的成语。

形式：调查问卷；上网查资料；收集图片等。

诗歌擂台：

内容：诵读经典诗歌。

形式：录像文字资料等。

童心诗趣：

内容：编辑诗集。诗歌知识竞赛。

形式：摘抄资料照片查阅资料等。

第三阶段：整理前一阶段学生资料，进一步明确完善活动计划。

阶段性汇报：汇报活动进展情况；交流活动中的体会和感受；提出活动中遇到的问题；解决活动中的困难。

制订下一步的活动计划：各小组根据前一段的活动情况适当地调整完善活动方案；鼓励同学们更好地完成活动任务，提出一些建议。

第四阶段：活动的汇报、展示。

教师要对学生展示的形式进行指导，要多样化，要有创新。

第五阶段：总结拓展阶段。

成果展示：学生收集的资料等。照片、录像等活动资料。调查问卷等。手抄报。学生的活动日记。

活动评价：制作个人评价卡，从活动中的情感投入，活动中的行为表现（小组分工的完成情况、收集的资料、活动的体会感受等）方面对学生的综合实践活动进行综合评价。先自评后小组评，最后教师评。

【评析】

一、培养学生梳理语文知识的能力

新课标指出："根据学生的年龄特点和认知规律，紧密联系学生的生活实际，选择适宜的学习主题，创设学习情境；激发学生识字、写字、诵读、积累、探究的兴趣，并注意将语言积累、梳理与体认社会主义先进文化、革命文化、中华优秀传统文化相结合；引导学生在识字、写字、语言积累中感受中华文化的魅力，激发热爱中华文化的情感。"

本活动中教师指导学生收集和阅读诗歌，能使学生感受诗歌语言的表现力和创造力，加强学生学习积累语言；收集并按一定的标准给诗歌分类，能够培养学生梳理语文知识的能力，进一步了解诗歌反映的广阔社会生活，感受诗歌丰富的内容和意蕴。

二、增强学生对祖国悠久历史文化的热爱之情

通过朗读和欣赏描写祖国壮丽美好的山河，抒发诗人对祖国的无限热爱，表达对理想的执着追求等优秀的诗篇，学生受到诗歌美好情感的熏陶，能激发学生对中国悠久历史文化的热爱之情，坚定学生的文化自信，传承优秀文化。

三、提升学生的审美能力

诗歌是最美的文学形式，重视古代诗文的诵读积累，感受诗歌语言、

形象、情感等方面的独特魅力和思想内涵，能够提升学生的审美能力和审美品位；学写童诗，发挥学生的想象力和创造力；成为有创意的表达者。

四、重视对活动的评价

积极的评价能够调动学生参与活动的积极性，促进学生不断进步与发展。案例注重多元评价，教师和全体学生都是评价的主体，能帮助学生处理好语文学习和个人成长的关系，发掘自身潜能，学会自我反思和自我管理。

运用过程性评价，从活动中的情感投入，活动中的行为表现，小组分工的完成情况、收集的资料、活动的体会感受等方面对学生的综合实践活动进行综合评价，真实、完整地记录学生参与语文实践活动的整体表现，关注学生在活动中表现出来的沟通、合作和创新能力。

【案例 6】

《难忘小学生活》

一、谈话导入

同学们，这段时间为了制作好我们的成长记录册，大家都积极地活动开了。前两节课，我们就"同学情深""集体荣誉"两个栏目进行了交流讨论，这两天大家又进行"师恩难忘"材料的收集活动。今天我们就一起商量商量怎样把这个栏目制作得更好，让我们继续踏着成长的足迹，去感受浓浓的师恩吧！

任务驱动的学习。本节课围绕制作班级纪念册这个任务展开。

二、师恩难忘，活动载情

（一）"教诲深深"（评语组）

1. 交流活动计划，介绍活动过程

生：大家好！我们是 TL 小组（Teacher's Love），因为阅读材料中的《作文上的红批注（双圈）》给了我们很大的触动，我们就想：是啊，在我们成长的道路上，老师用他们的心血为我们写了多少的评语呀！于是我们就进行了一次评语大搜索。大家看，我们小组就是按这份活动计划行动的（出示活动计划，并简要介绍）。

【评点】

①重视活动计划的汇报和评价，这是对学生综合性学习起点的重视。因为计划的科学与否，直接影响到活动的效果。

②计划中还应该包括教师日常教学和平时对学生的口头评价语言。

③作为一份完整的计划，应该有活动时间和地点的安排。这样便于教师把握好学生活动的进度，并及时进行必要的参与、指导、督促。

2. 展示评语，讲述师恩

预设：

生1：我们小组收集到的评语挺多的，为了方便和同学们交流，我们用数码相机把它们都拍下来了，大家看！（生展示材料）

生2（深情讲述）：在我成长的道路上，老师的这则评语给我的帮助（鼓励、触动）最大⋯⋯

3. 寻求帮助，分类筛选

预设：

| 第六章　梳理与探究教学案例分析 |

生1：我们打算把这些评语都放进纪念册里，你们觉得怎么样呢？

生2：内容太多了，版面不够。

生3：先进行分类筛选再放进去会合理些。

生4：要挑选出最有代表性的评语，体现在我们成长的道路上老师给予的关心。

师："分类筛选"确实是个好主意！大家再分组商量商量，帮TL小组出出主意，看看怎样分类筛选！

生（各小组提建议）：可以按"多位老师给一个同学的评语"这个思路来分类筛选；可以按一位老师给一位同学的评语来分类筛选；还可以按年级来分……

生（TL小组）：同学们给我们提了很多好建议，（几个成员商量）那我们就先采用××同学的建议，把蔡老师给大家的评语筛选出来。（现场用课件点击、操作）

生：光蔡老师的评语就这么多呀！汤老师你说怎么办？

师：是啊，这么多不可能都放进纪念册，那大家帮他们挑一挑吧！

4.以"一位老师给一名同学的评语"为例，引导如何精选

（预设：从学习、生活、赞扬、鼓励等不同角度，各选一则有代表性的评语）

出示评语，学生从各自的角度发表看法：

老师怎么也想不明白，为什么脑子如此机灵的你会做出这么不聪明的事，欺负同学，捉弄女生，什么时候你才能不被请到校长室呢？老师期待着。

虽然，课间，你"生龙活虎"，喜动"干戈"，你真是个会让老

师生气的学生，但是，老师还是发现了你身上的优点：尊敬老师，聪明机灵，课堂上的你总是那么活跃积极，相信不久的将来老师再也不会接到其他家长的告状电话了，不是吗？

最近一段时间，老师期盼中的你并没有出现，你还是你！涌上为师心头的是一阵阵揪心的酸楚……当我家访时看到你的母亲因为别人的告状而难过失落的样子，为你的学业充满企盼的眼神，不知你心里作何感想？妈妈，老师，同学的爱时刻围绕着你，难道你感受不到吗？我们大家都在期待着一个全新的你！

你的改变真让老师惊喜！后半个学期你字迹清楚工整，作业也基本上能完成，大伙儿也都夸你会帮助同学，大家都对你竖起了大拇指，"有志者，事竟成"，孩子，继续努力！

恭喜你，孩子！当你一次次主动地帮助同学打扫教室时，当你为一道道难题凝神沉思时，当你弯腰拾起地上的纸屑时……作为老师的我，真想为你欢呼！老师能够想象到你付出了多少艰辛的努力，才学会了克制自己，扔掉了"淘气包"的绰号！孩子，好样的！

今天的辩论赛上，你精彩的表现让老师和同学们惊叹，折服！希望你以此为新的起点，踏踏实实，一步一个脚印，勇往直前，老师永远是你的支持者，为你加油！为你鼓劲！

【评点】

①最好是将几种筛选的方法列举出来，仅以一个为例，可能有些情况会措手不及。

②注意处理好学生个性化的问题。班级纪念册要尽量避免只是少数学生的展示平台的情况。

5. 小结

师：我们在对评语做进一步的整理筛选的过程中，再一次深深地感受到了成长的道路上老师的关心，鼓励，或表扬，或批评，这都是老师们心血的浇灌呀！

【评点】

如何选择一个有价值的"活动点"，是学生和老师都要精心思考的问题。这个"点"需要具备下列几个条件：与学生学习活动密切相关的，经常性发生的；对每一个学生来说都有相等的机会接触到的；在学生的成长过程中能够起到重要作用的；学生能够真切感受到的；有利于学生活动中操作的，能够外显的。收集、整理教师的评语，完全符合上述条件，这体现了教师的匠心独运和良苦用心。下面的"精彩瞬间（照片组）""师恩浓浓（作文组）"，都可以说是很好的"点"。

上述流程，均为学生自主活动，活动的主持者是学生，活动的互动交流者是学生。这充分体现了教师"以学生为本，以学生自主学习为主，引导学生用个性化的学习方式展开学习和探究活动，彰显语文综合学习的语文性、综合性、实践性、开放性、个体性"的教学思想。

（二）"精彩瞬间"（照片组）

1. 照片触情，勾起回忆（小组成员一边展示照片，一边分工简要解说）

预设：

生：和老师一起度过了六年的时光，如今即将分别，我们想用照片来留住和老师在一起的美好瞬间，让我们一起进行一次回忆之旅吧！

2. 生生互动，创意命名：给照片加小标题

A小组摆困难，寻求帮助。（出示一张没加标题的照片）

预设：

生：这些照片让我们想起了很多往事，我们想把照片放到纪念册里，于是给照片加了小标题。但是对这张照片，我们想不出特别合适的标题，能帮帮我们吗？

各小组讨论，加标题。

师：大家讨论讨论吧，然后把你们小组讨论的结果写在纸条上！

出示各组拟的小标题（贴到黑板上），全班评议。

（评议要点：是否简练，是否符合照片内容，是否令人感受到成长的足迹里老师的付出）

根据共识，评议修改。（出示另外两张加好标题的照片）

生：谢谢大家。现在我们知道了原来加小标题还有这么多学问呀！看来我们加好的这几张也得好好修改修改！大家有没有什么建议？

3. 教师小结

师：这些凝练的小标题使一张张照片成为我们成长的岁月里永远也抹不去的记忆！不仅给照片加小标题要讲究，作文的标题也得讲究，一个准确、简洁、有文采的标题，对整篇文章能起到画龙点睛的作用！

【评点】

小学语文综合性学习，首先是语文学习。无论开展怎样的活动，都必须紧紧围绕语文学习来进行。在这里，教师将由照片展开的回忆、抒情与语文作文拟订标题的学习和训练结合起来，比较巧妙地体现了小学语文综合性学习的基本性质。当然我们对照片的运用不能仅限于

此，还应该将其作用发挥得更加充分一些。

（三）"师恩浓浓"（作文组）

小组三言两语汇报本活动小组的名称、收集材料的途径，作文类型（记叙文、书信、诗歌）等，并表达对提供材料的同学的谢意。

欣赏习作。（寻找成长的足迹，感念师恩）

（预设）生：这些作文写得很好，同学们能从各自的成长过程中，选取独到的事例，再现老师对的鼓励、教育和关爱，表达了对老师的感激之情。请大家与我们一起再来感受"师恩浓浓"！

A 深情诵读习作《老师，我想对你说》。

B 片段赏析（2个）。

引导评议。（是否表现出老师的特点，是否表达了作者的情感，选材是否得当）

师小结：是啊，老师就是这样用睿智的话语、爱抚的动作，给予我们关心、开导、督促，激起我们心灵的震撼、感激、反思，让我们在成长的道路上健康成长！

【评点】

这个环节教师主要从对作文的内容是否符合要求来进行交流评价的，这与一般的作文评讲课有什么本质的不同？作为综合性学习，应该更重要的是指导学生如何选择出自己最想拿出来展示的作文。要制作班级纪念册，应该是每一个同学都有机会展示的，因此指导的过程更多的应是对每一位学生而言的，特别是一些能力较弱的，表现较差的学生。

三、评价梳理，加工提升

①教师梳理小结各组的活动成效。

（从小组合作的策略、表现主题的角度、收集资料的渠道、加工资料的方法等方面）

②集体讨论如何完善本栏目的加工制作。

预设：编写目录。修改文本，文本排版，美工修饰。个性创意设计。

四、总结激励

师：看到同学们今天的精彩呈现，我感受到了你们浓浓的感恩之情。六年来教过你们的所有老师一定倍感欣慰、幸福！但是，今天更让老师欣喜的是，你们能够自主合作探究性地开展实践活动，使自己的语文能力和其他综合能力都得到提高！老师相信在下个板块的活动中，你们一定会完成得更加出色！

【评析】

梳理与探究属于综合性学习，"语文综合性学习"通过一个个项目来展开，侧重在学习过程中形成语文核心素养，而不是通过获取最后的结论来掌握语文知识。因此在评价学生"语文综合性学习"时，应把着力点放在过程上：

一看项目确立和内容设计是否具有学习价值和可探索性。

二看其资源利用是否具有最优性，学生是否能选出最优的资料进行参考。

三看学习方法是否具有科学性，即看学生思考问题的方式、策略是否科学。

四看学生学习实践是否具有全员参与性和全程体验性，即看是否人人参与到语文学习中，个个都经历了实践、领悟、探索和创新的全过程。

五看学习结果是否具有深刻性和广阔性，也就是说，学生所提出的见解有没有一定的深度，看问题是否全面，是否有独到之处，所形成的学习成果怎样。

六看学习效率是否高，可从综合性学习的时间，所花的精力去分析。

参考文献

［1］中华人民共和国教育部.义务教育语文课程标准（2022年版）［M］.北京：人民教育出版社，2022.

［2］倪文锦.语文新课程教学法（小学）［M］.北京：高等教育出版社，2010.

［3］沈大安.小学语文教学案例专题研究［M］.杭州：浙江大学出版社，2008.

［4］吕世虎.小学语文教学设计与特色案例评析［M］.北京：首都师范大学出版社，2003.

［5］包建新.语文教学设计与案例分析［M］.杭州：浙江大学出版社，2012.

［6］杨建国.小学新课程语文优秀教学设计与案例［M］.广州：广东高等教育出版社，2006.

［7］方亮辉.小学语文名师教例赏析［M］.北京：北京科文图书业信息技术有限公司，2008.

［8］周成平.新课程名师精彩课堂实录：小学语文卷［M］.北京：中国科学技术出版社，2005.

［9］孙建龙.小学语文教学案例［M］.北京：中国人民大学出版社，2017.